少年天才养成记

李沛家　马文禾　著

南方日报出版社
NANFANG DAILY PRESS
中国·广州

图书在版编目（CIP）数据

少年天才养成记 / 李沛家，马文禾著. — 广州 :南方日报出版社，2024.1（2024.11重印）
ISBN 978-7-5491-2785-6

Ⅰ. ①少… Ⅱ. ①李… ②马… Ⅲ. ①家庭教育Ⅳ. ①G782

中国国家版本馆CIP数据核字(2023)第234550号

SHAONIAN TIANCAI YANGCHENG JI

少年天才养成记

李沛家　马文禾　著

出版发行：南方日报出版社
地　　址：广州市广州大道中 289 号
出 版 人：周山丹
策 划 人：柏昃霞
责任编辑：曹　星　黄敏虹
特约编辑：曾巧英　苏金璇
责任技编：王　兰
责任校对：熊丽思
文稿统筹：曾巧英
插图绘制：潘欢欢
装帧设计：李　健
经　　销：全国新华书店
印　　刷：湖南品悟纸品包装科技有限公司
开　　本：710 mm × 1000 mm　1/16
印　　张：17.75
字　　数：168 千字
版　　次：2024 年 1 月第 1 版
印　　次：2024 年 11 月第 2 次印刷
定　　价：52.00 元

投稿热线：（020）87360640　读者热线：（020）87363865
发现印装质量问题，影响阅读，请与承印厂联系调换。

推荐序1

这本书讲的不是如何教化孩子，而是通过一个个生动的场面，通过真实又有趣的情节，让你可以对照自己，可以关照孩子。

这是一本很有力量的书。

这个家庭的起点并不高，一个不完整的家庭最后却培养出一个具有完整人格的孩子。

从这本书中，我看到了古代四大贤母的现代身影。李沛家老师是一个把孩子等同于自己生命的母亲，但她从不会因为自身的恐惧而控制孩子。她很爱却能分离，她很痛却还能爱。她不因夫妻关系的变故而让孩子失去家庭，她强大到让人仰视。她不因孩子外在的问题而抓狂，而是始终能看见孩子的内在需要，保持温柔坚定。她具有非一般的观察力，不会被孩子外在行为影响而失去内在真实的判断，总能看见孩子内心真正的诉求。这一切都源于她对孩子的爱与信心。

这本书让人又惊又喜。李沛家和马文禾两母子的合作，如此同频，是心脉相通的完美呈现。从孩子的角度来谈家长的教育，让人耳目一新，又让人看见孩子被忽视的真实世界，太美妙了。这本书真实、接地气，没有虚构、说教，你可以直接结合自身来实施操作。每一段几乎都配上真实的案例，画面感十足。李沛家老师是孩子人生的导演，也是孩子的人生导师，而这本书就是一部生动的励志电影。看它能让你自动地从负面状态转变为积极美好的状态，且有信心面对未来。为了书中的案例，她与他准备了二十几年。你所遇见的可能就是他们已经发生的。这本书告诉了我们一念一天堂的真谛。如果你还在是否打骂孩子的纠结中走不出来，这里有答案。

书中专门提到了父母要心里带着爱、脸上带着笑、眼里带着光，我认为这些都会对孩子的潜意识产生影响。孩子说“我妈任何时候都相信我是天才”，孩子信了，因为妈妈很坚定，坚定到让人没有一丝的怀疑，因为妈妈从不怀疑只有相信。李沛家老师告诉了我们从相信到信仰的力量，这一点很难，因为不是每个人在看到问题的同时还能看见希望，她做到了。我不知道是源于她的乐观还是其他什么，但我相信这背后有一种坚强，一种含着眼泪看着孩子长大的坚强。她还有一份恒久的耐心。耐心背后是信心，有信心对人自然就有耐心。同时她还有恒心，有用心，当然最核心的是她有一颗真心，一颗真正的爱心。李沛家老师是伟大的母亲，马文禾是他的父母的荣耀，他俩是现代家庭的导师，很幸运生命中与他们的遇见。

这本书值得经常读读。

林青贤

2023 年 12 月 12 日

推荐序 2

很荣幸为这本书作序，因为我感觉是在为一位未来的科学家作序，为一位未来的院士作序，为一位未来的诺贝尔奖获得者作序，甚至是为一位可以为人类发展做出巨大贡献的杰出人才作序！

也许有人读到这，会觉得我把作者马文禾抬得高了些，可这些恰恰是我内心的真实感觉。对于孩子们，父母、老师和长者们当抱有无限希望，因为青少年们有着无限的可能，这点已经在马文禾同学身上不断被验证！

初见马文禾是在 2020 年一次邀请他出席演讲的会场上。面对会场的上千人，年轻的他神色泰然，将演讲内容娓娓道来，谈吐轻松幽默又不失深刻内涵。这次演讲让我至今记忆犹新，在马文禾身上，我看到了一颗心怀天下、热爱祖国的赤子之心，看到了一颗找到自己热爱、在自己天赋中畅游的热烈之心，也看到了一颗阳光、豁达、孝顺、有担当的儿子之心。

我那时候就很好奇，为何马文禾可以如此优秀？这儿的“优秀”绝非仅仅是他的学业，更是他内在心性、思维方式和人生成果的综合呈现！我喜欢研究人和规律，当我们看到一个人呈现美好结果的时候，除了羡慕，我们更应当找寻其中的原因，运用到自己的人生之中，正如书中提到的“读他人的故事，悟自己的人生”。

当认真品读这本书时，我想各位读者定能找到答案！李沛家老师，也就是马文禾的母亲，是全国很受欢迎的一位家庭教育导师。她在这本书中倾心分享培养儿子的历程：如何面对孩子成绩的落后乃至垫底？如何面对孩子淘气被喊家长？如何面对单亲家庭带来的种种压力？如何助力孩子做出人生重要的选择？如何塑造孩子良好的品格？……李沛家老师通过记录马文禾真实的成长故事，在细微之处彰显着教育的智慧，没有刻意避讳马文禾的调皮和问题，而是通过真诚且敞开的表达让我们感受到一个天才的养成之路。我想正是她作为母亲有这样的敞开、包容与智慧，才成就了马文禾同学并丰盛了自己的人生。

我想，这本记录着一对母子的教育历程的书，也会给更多家庭带来启发，非常值得一读，在此推荐给大家！

朱晓平

2023 年 12 月 2 日

推荐序 3

初识马文禾，是在 2017 年的少年班学生见面会上。他给我留下了深刻的第一印象。他的眼镜背后透出睿智的眼神。当时，我心里在想，这一定是一个优秀的学生。

再识马文禾，是在 2018 年专业选择会上。他选择了相对不是很热门的化学生物试验班，这让我心里暗自惊讶。随后，我找他专门进行了解。他告诉我，他热爱科学研究，立志从事生命科学与其他科学的交叉研究，而且从进入少年班预科以来，持续参与生物进化方向的科研训练。对于喜欢探究科学奥秘的学生而言，兴趣始终是最好的老师，它能够驱使学生克服一切困难，培养坚持不懈的探索精神。作为老师，这是我最喜欢看到的学生。这次谈话，让我对马文禾的未来充满了期待，后来他取得的成绩也印证了我的看法。

三识马文禾，是在他率队蝉联国际遗传工程机器大赛金奖之后。

彼时的他已经颇具学者风采。每次，我在校园里碰见生命学院的老师，他们总是会向我提起马文禾的种种优秀表现。这让我作为书院的负责人，心中不免暗自感慨，能够在优秀学生的成长道路上一路相伴，是我的幸运。

四识马文禾，是在与他讨论参选学校本科生标兵的文稿时。我不禁被他丰厚的简历惊艳。本科期间就在 *Nature Communications* 发文章，担任美国化学会的同行审稿人，先后经历八段交叉学科科研，参与实践的工时超 600 小时，牵头发起青少年科普教育公益项目，参加国际顶尖高校交流，拥有数不清的竞赛获奖。我更加笃定，他的未来是没有上限的。

五识马文禾，是在他选择本科毕业去向的时候。我在得知他放弃了出国深造，以及清华大学和中国科学院的录取通知，坚定地选择上海交通大学樊春海院士团队之后，专门搜索了樊春海院士的研究方向。结果没有让我感到意外，因为这就是马文禾始终如一追求的科研方向。

“少年智则国智，少年强则国强。”早在 1974 年 5 月，诺贝尔物理学奖获得者李政道教授上书周总理，提出“从少年人才入手”培养一支“少而精的基础科学工作队伍”。1978 年邓小平指出：“在人才的问题上，必须打破常规去发现、选拔和培养杰出的人才。”时任西安交大校长蒋德明提出：“响应邓小平同志号召，交大责无旁贷，党中央的要求就是我们的责任。”1985 年西安交大正式成为教育部批准的 13 所开展少年班招生培养试点高校之一。历经 38 年的艰难探索和创新实践，形成了“破格选拔，因材施教，发掘潜能，注重品行，培育精英”的少年班选拔和培养体系。

马文禾就是在西安交大少年班培养体系下成长起来的优秀学生代表，他的成长经历完全符合西安交大少年班的成立初衷和期待。

马文禾妈妈给我打电话，邀请我给马文禾的成长记写序，我深感忐忑，一方面是自觉不够权威，另一方面是自觉对于马文禾的成长并没有至关重要的影响。纠结了很长时间，我最终还是选择记录一下马文禾本科期间给我留下的一些印象。

借此机会，我向马文禾妈妈表示敬意。她是青少年成长教育领域的佼佼者。俗话说得好：“当局者迷、旁观者清。”青少年成长教育问题，一直是为人父母者遇到最难的，也是最重要的问题。她不仅能做到旁观者清，也能做到当局者清。

希望马文禾的成长记能够给大家一些经验借鉴，同时衷心希望马文禾妈妈能有更多的作品问世，给广大青少年和他们的家长带来帮助和指引。

田博（西安交通大学钱学森书院院务主任兼党总支书记）

2023 年 11 月 22 日于西安交通大学钱学森书院

自序

爱因斯坦说过："每一个孩子都是天才！"

你相信你的孩子是天才吗？

我经常在课堂上问这个问题。

很多家长会不知不觉地露出不屑的神情，不由自主地"切"地冷笑一声，说："他是天才？天生的蠢材还差不多！"

我的心忍不住一震。虽然很多时候我知道他们的答案，但还是忍不住难过，替他们的孩子感到悲哀。

首先，我们要明确何为"天才"？

就像植物和动物一样，每一物种都有它天生的、特有的生存策略和技能，是其他的物种所不具备的，这就是它们的天才！

比如：鱼有鱼鳍，天生会游泳，这是鱼的天才；老鹰有翅膀，天生会飞翔，这是老鹰的天才；老虎四肢强健，天生善于奔跑，这是老虎的天才！就连植物也是一样，仙人掌天生耐旱，向日葵天生向阳，这都是它们天赋的生存本领，也就是各自擅长的所谓“天才”部分，也可以说是它们天生的特点。

遗憾的是，我们人类不像动植物一样，从外在的不同就能看出来各自的特点，虽然外形看起来都一样，但其实每个人都各自有天生的特点，甚至可以说比动植物要复杂得多。

所以，家长的第一要务就是用智慧读懂孩子的“无字天书”，每个人都有不同的“说明书”，从中找出孩子的天赋才能部分，并有能力开发出来，比如，是鱼就给它海洋让它遨游，是老鹰就给它天空让它飞翔，是老虎就给它森林让它奔跑，才能真正地把它们各自不同的天才开发出来。

但在现实生活中，很遗憾，很多的家长没有这样的认知和觉知，还不知不觉长了一双“垃圾眼”，总是盯着孩子不擅长的部分。

爱因斯坦说过：“每一个孩子都是天才，但是如果以爬树的本领来衡量一条鱼的话，它终其一生都觉得自己是个笨蛋！”

从这个角度来说，你相信你的孩子是天才吗？

我信！坚定地相信！特别是在孩子不那么如意或者遭遇挫折处于低谷的时候，更坚定不移地相信。从信心升华成信念，从信念升华成信仰。

因为“信乃道源功德母”。

因为“地不长无名之草，天不生无用之人”。

哈佛大学在素质教育方面指出：人的培育和成长，不仅仅在于方法，更在于观念，不完全靠勤奋，更在于思想。

基于这样的观念，我陪伴着马文禾成长，他也在成长的过程中一次又一次地创造着奇迹。我想把这些分享给更多的人，以帮助父母们，在孩子遇到挫折或困境的时候，仍然有信心面对他们无限可能的未来。

“不抛弃不放弃，全力以赴。”这十字是我在教育孩子时的座右铭，“不抛弃不放弃”是底线，“全力以赴”是极限。

我的儿子 2015 年就要我把如何陪伴他成长的过程分享出来，去唤醒更多的人用真正的爱来成就孩子。

因为他是从一个曾经只考 40 分的所谓“学渣”逆袭的，从一个被叫家长的所谓“问题孩子”蜕变到 15 岁上大学的“天才少年”。他说他的成长经历会鼓舞很多人，照亮很多人。他说这不是“炫耀”，是“照耀”。

有人说：人与人最好的关系，是彼此欣赏，是彼此成就，这个不仅仅适用于夫妻关系、朋友关系，也适用于亲子关系。

我很庆幸有这样的孩子。

世间子女对父母的孝有四种：小孝是孝其身，中孝是孝其心，大孝是孝其志，至孝是孝其德。我的儿子就做到了至孝，他让我去帮助更多的父母学会爱自己的孩子，他说，如果我能帮助一对父母改变，就会改变一个孩子的人生命运，这才是最有价值和意义的事情。

这也是这本书的初衷。

他说：“科学求真，教育求善，艺术求美，妈妈，你要教会每一位父母学会科学、艺术地做教育！”

很多时候，我感觉不是我在教育他，而是他在引领我。

我听一位心理学教授说：每对父母都应该把孩子当成自己的“后浪”导师。也许，我是做到了他所说的这一点吧。

如果每一个父母在面对孩子的时候，有这样的思维、觉知，可能孩子的未来就会大不一样。

如果大家看了这本书，能收获这一点，我就觉得是值得的。

马文禾的名字是他爸爸给起的，来历是取了他和我名字（指本名李秀霞）中的各一个字的其中一部分合在一起，十五岁的时候，他给自己起了个字：秀实。

他说“秀实”出自孔子“苗而不秀者有矣夫，秀而不实者有矣夫”，旨在提醒自己：他属于少年班这批早慧的孩子，不但苗要长得旺盛，还要结果实。

马文禾在本书中也有一些笔墨，从孩子的角度出发的。如果孩子们看了能有点滴领悟，感念于“父母之爱子，则为之计深远”的良苦用心，能感受到父母外在言语行为背后的爱子之心，能看见父母的爱，能量就会流动。总之，教育是用心之道，而非用力之术！

最后，感恩一切的遇见。感谢儿子成长过程中遇见的每一位老师，从胎教老师、幼儿园老师、小学老师、中学老师、大学老师到各位导师，我知道我的儿子一直是个幸运儿，他在成长的路上有这么多的恩遇，我在此一一谢过。孩子的成长离不开每一位老师的辛勤付出和教诲，感恩并祝福每一位老师桃李满天下！

李沛家

2023 年 10 月 25 日

目录

前面的话

家长做好自己，就是给孩子最好的教育

第一部分 关于成人

第一章

营造温馨的家庭氛围

第一部分 关于成人

第三章

树立独立人格

第一部分 关于成人

第二部分 关于成才

第一章 从小种下种子

第二章 成长过程中兴趣的引导

第二部分 关于成才

第三部分 关于成功

第三部分 关于成功

父母的话会点亮孩子！

前面的话

家长做好自己，
就是给孩子最好的教育

非一般的妈，飞一般的我

在别人眼里，我也许取得了一点点的成绩：15 岁上少年班，20 岁取得清华、北大等国内高校的直博资格，留学美国加州大学伯克利分校时所修成绩全校第一，获得过“优秀学生标兵”称号，获得过国际赛事的金奖，获得过国家级奖学金，获得过感恩中国近现代科学家奖学金以及华为奖学金，等等。但我想说，我跟所有的孩子一样，也曾经是个被叫过家长、打过架、考过 40 分、调皮捣蛋的“问题少年”，可以说，孩子成长过程中会遇到的问题我一样遇到了。

幸运的是，我有和别人不一样的妈妈，我称她为“非一般的妈”，她自诩她是“二班”的。我妈的反应和处理模式与众不同，才有了今天不同的我。

我一直怀疑，我妈妈有特异功能。从小到大，我感觉她即使不在我身边，也像有千里眼一般，不管我发生什么事她都知道，不管遇到什么事，她都有办法解决，而且超乎你的预料。等你看完我的成长经历，你一定也会忍不住赞叹这个女子：她真的骨骼清奇，天赋异禀。

2012年，对于我妈妈来讲是特别有纪念意义的一年，因为从那一年开始，她放弃了已经从事将近20年的事业，改变了她本来的人生轨迹和方向。如果不是因为我，她过的可能会是另外一种生活。当妈妈多掏了一倍的钱给我买了学区房后，她最爱的、最骄傲的儿子迎来了人生的第一次挑战和挫折——我不仅成绩全年级倒数，还成了被叫家长的第一人。也因为这一次特殊经历，妈妈开始走上学习家庭教育之路，那个时候，她只有一个目标：把我培养成才。

现在想来真是惭愧，我生活在单亲家庭中，那时我已经12岁，本来应该懂事了，没想到考了倒数。当班主任找我谈话时，我没忍住流泪了，我要好好思考一下我未来的人生。但到今天为止，我的父母从来没有因为这次被叫家长说过我半个“不”字，特别是我的妈妈，当发现我有问题时，她不指责不抱怨，而是从自己身上找原因、找方案，给我无条件的支持和接纳。可以说，没有我这非一般的妈妈，就不会有现在的我，更不可能有我现在的成绩、成就，也许我会是个“问题孩子”。

读别人的故事，悟自己的人生。期待我的成长故事会给您更多启发，能给更多父母一些新的培养孩子成人、成才、成功的思路和方法，这就是我和妈妈写这本书的意义。

从这个意义上讲，这本书应该在2015年出现，那是我和妈妈的约定。

就在我得到西安交通大学录取资格的那一天，我的好朋友离家出走了，确切地说是被所谓的“网友”骗走了。我们全班同学、全体老师、所有家长都参与了此次营救。这一事件带给我太多的震撼和思考。当孩子内心爱的需求没有被父母满足时，他们会向外寻求一切可以依靠的东西，以至于被别人打造的温柔陷阱轻而易举地骗走了。

我也注意到我身边的同学好像都挨过父母的打骂，父母却往往不知道这样的方式对孩子的伤害有多么大。因为我一直是我们班级的心理辅导员，凡是有什么烦恼的同学，都由我来开导他们，帮助他们。别说，我天生有这个天赋，开导效果都很好。后来到了大学，我也一直是学校的心理辅导员，有机会学习更多心理学课程，各个流派我都有所涉猎。学习越多，我越感受到妈妈的智慧，她是天生的心理学家。在我的成长过程中，她真的做对了很多事情，做得都相当棒。

所以我好朋友离家出走事件发生后，我想让我妈妈去做更多帮助人的事情，想让她把教育我的方法分享给更多父母。

帮助一对父母改变，真的可以改变一个孩子的人生命运，这是比做什么事情都更伟大。

当时我跟她约定把书写出来，但我妈妈是个对自己要求很高的人，我知道她想给大家更好的东西，所以这本书到现在才和大家见面。我相信，一切都是最好的安排。今天，我从刚刚考入少年班的稚嫩少年成长为更为卓越的青年，也更能证明我妈妈教育方式的有效性。我也会参与其中，站在一个孩子的角度跟您的孩子产生共鸣。

我想，这本书不单单适合家长读，更加适合孩子读。家长读的时候，您多从我妈妈的言语模式、行为模式、思维模式中吸取智慧；孩子读的时候，您多从我的反应模式中吸取经验教训。希望这本书能让每一个生命的内在都有所触动，让每一个孩子都成为最好的自己，让每一个家庭都充满幸福的声音。我们愿和你一起，走好这一生！

现在的孩子怎么那么难教？

每一对父母都需要学习

家长们都说，现在的孩子怎么那么难教？

“难”是个什么样的概念？凡事会就不难，不会就难！

比如，“1+1 等于几”难不难？

对于我们大一点的人来说当然很容易，因为我们学过。但如果我们问的是一个几个月大的婴儿，从来都没有见过数字，更没有学习过，对于他来说，这个问题真的太难啦！

同理，因为现在的孩子生活的时代跟家长们小时候已经完全不一样了，所以，虽然家长们也是从孩童时期过来的，但面对现在的孩子的教育问题时，也会像一个婴儿面对“1+1 等于几”这样的问题一样觉得难。

若是家长的教育观念跟不上时代的变化，就会如美国教育家约翰·杜威所说："如果我们用过去的方式教育现在的孩子，就是在剥夺他们的未来。"

"00后""10后"的孩子，是伴随着互联网的发展成长起来的，他们的成长环境可以说日新月异。

我们国家经历了从物质匮乏到物质充裕，再到消灭贫困的过程，而这一代孩子大部分都没有过缺吃少穿的困难经历。

根据马斯洛需求层次理论，当人的物质需求被满足，生存层面没有挑战之后，人的需求就会上升层级，会在心理或者精神层面有更高的要求，而这个领域是很多父母不熟悉、不关注甚至不知道的，于是他们就像婴儿面对"1+1 等于几"这样的问题一样，直接就不会了。

更可怕的是，他们不会还不承认或者不学习，而是根据自己的感觉胡乱行事。这真的不是夸张，我研究的很多个案中，孩子对自己的父母都有这个印象，这些行为实际上给孩子造成很大伤害。但父母往往还打着爱孩子的名义，让孩子更加哑巴吃黄连——有苦难言。最终，孩子只能在父母错误的爱中放弃自我反抗，甚至放弃自我。这是很可悲并且很可怕的事。

现在的孩子有哪些不同于父辈的点呢?

第一，现在的孩子是带着天生的灵气来到这个世界上的，思考力非常强。所以麻烦就来了——他既不思考吃，又不思考穿，却过早地思考了一个终极问题：“我存在有什么意义？”现在的孩子，个个都如小哲学家，一旦他开始思考这种问题，痛苦就将伴随着他了。而父母可能不懂孩子在心理、精神上的需求，过多关注孩子的吃穿，没能满足他的心理需求，甚至会说孩子“小小年纪，懂什么”。这是一种需求上的错位。

第二，厌学的孩子数量变多了。人们挣的钱越来越多，幸福指数反而降低了，究其原因，是攀比心理作祟。原来，可能大家每月的工资都只够吃饭，得算计着花，现在你有十万，他有百万，有人有千万……孩子整天生活在一群焦虑的人的攀比之中，自然疲惫不堪。更甚的是，家长把过多的期望、负担转嫁给孩子，只要孩子学习好，以后能出人头地就行。在学校老师天天说学习，在家里家长天天说学习，而学习的意义好像又没有那么多。这样，孩子不厌学才怪。

第三，现在的孩子是活在“第三个笼子”里的。什么是“第三个笼子”？假设我们有三个笼子，每个笼子里放进一只老鼠，笼子上装有一个门。

第一个笼子，门打开以后就有食物进来，老鼠踩一下，食物就进来，踩一下，食物就进来……老鼠会怎么做呢？会一直踩。

第二个笼子，老鼠踩一下被电击一下，踩一下又被电击一下……以老鼠的智力会怎么做呢？会不踩了。

第三个笼子，老鼠踩一下，进来的是食物，再踩一下，得到的是电击，又踩一下，是食物……老鼠会怎么做呢？老鼠不知道应该踩还是不踩了，它会在里面纠结死。

孩子来到这个世界上，家长对他太好了，就像食物；但同时给他压力，就像电击。所以，孩子们就纠结得如同活在“第三个笼子”里的老鼠。

每个家庭都渴望自己的孩子是成功者。但是，凡是能成功的人都是输得起的人，输了再来，最后就赢了。而我们现在的教育是只让孩子成功，不让他输。

很多家长见到孩子回家，问孩子的第一句话是：“宝宝，你今天得了几朵小红花呀？”

“一朵。”

“小明得了几朵呀？”

“两朵。”

“你明天要超过他，要得三朵。”

接受这样的教育长大的孩子，如果你跟他下棋，他会输吗？他肯输吗？十个里有九个是不肯输的。有的孩子他输了就急，还会拿棋子砸你的头。

怎么会这样呢？因为你想要让他成功，却不让他有成功的品质。我们希望孩子意志力、控制力很强，可是你知道意志力、控制力是从哪里来的吗？你不培养这些品质，一味给孩子施压，那孩子不就是“第三个笼子”里的老鼠吗？

有的家长从孩子小学开始给他找最好的学校，等孩子高考完了，再帮孩子决定选什么样的大学专业，以便之后能更容易找到工作。等到找了一份工作以后，觉得差不多了，就买一套房子给孩子，发动亲朋好友给孩子介绍对象，再拿钱出来给孩子办婚事，婚事办好了，催促孩子生孩子，最后自己帮孩子带孙子。

你要控制他一生，还想要他有迎战困难的自控力，这是个悖论。这个孩子不是活在“第三个笼子”里是活在哪里？

其实，高要求只能对自己，不能对别人。孩子非常清楚他的目标在哪里，知道自己应该成为什么样的人，可是心里也很清楚，自己没有这个能力达到父母的要求。你想想看，他不得纠结死吗？

这就是老鼠在“第三个笼子”里的感受。

第四，现在的孩子从小到大，几乎一切现实事务都被大人包办了，而学校也没有提供给孩子处理事务的可能性，学习之外的其他活动都很少。孩子在现代化的电脑世界里生活，在虚拟的世界体会到真实感，在真实的世界里有虚拟感。一个没有现实感的人，总有一天会出问题的。

有一次，有个重点中学的学生拿她的手机给我们看，她说："老师，我们在玩这个东西。"

我一看吓一跳。原来她们在玩一人割自己一刀的"游戏"。这种行为我们怎么理解？

这就是缺乏现实感的表现，她必须这样才能找到自己真实的存在。

可惜，我们大人全然不知孩子内心的痛苦所在，只知道看孩子的成绩上升了还是下降了。其实成绩下降有太多原因，这些原因可能都是他内心的痛苦点。

第五，现在的孩子，小时候需要陪伴的时候，父母没有陪在他们身边，他们很多是被爷爷奶奶或者保姆照看的，等到上学的年龄或者爷爷奶奶管不了的时候才被父母接回身边。到了青春期不要过多陪伴的时候，家长又不懂得放手。甚至成年后，家长也缺乏界限感。在这种管教方式下，父母和孩子之间的情感没有那么深厚，管教资本不多，亲子间发生冲突的事情比比皆是，甚至有的还酿成了不可挽回的悲剧，让人不禁扼腕叹息。

著名的犯罪心理学家、青少年犯罪研究专家李玫瑾教授提出：孩子三岁之前的心理抚养，六岁之前的性格教养，最好是父母亲自来做，才能给孩子一个良好的底层基础。

父母如果不懂这一点，继续那种相爱相杀的教养方式，那父母和孩子都会不断地内耗。

生命不在内部消耗，才能在外部创造。

如何才能停止内耗？家长做好自己，就是给孩子最好的教育，因为榜样的力量无穷大。

每一个父母都需要学习，而且还需要快速地学习，才能跟得上这个时代，跟得上孩子的成长。

凡事不会就难，会就不难，凡事学就会，不学就不会。

很多家长自己都做不到的，却期望自己的孩子能做到，就像有个比喻说的那样：两只鸡不会飞，努力下个蛋，孵个小鸡，训练小鸡起飞，小鸡飞不起来，还责怪小鸡。

我很感谢我自己，当发现孩子的成绩不好后，不是给他报班补习，而是自己去学习，这不是“一般”的家长的思维，我是“二班”的。

如何培养孩子成为国家的脊梁？

教育孩子，我的责任

要培养孩子成为国家的脊梁，我们家长到底该做些什么样的教育和输入呢？

我特别欣赏台湾忠信学校创办人兼董事长高震东先生提出的“道德教育为一切教育之根本”的教育理念和“中华文化为体以治身心，世界文明为用以应世事”的教育方向，让每一个进入他的学校的孩子先成人后成才。

以天下为己任是儒家的思想。如果我们每个人都有这样的理念，那么我们的国家必定会成为世界第一强国，我们的民族必定会实现伟大复兴。所以，高震东先生把顾炎武说过的“天下兴亡，匹夫有责”改成了“天下兴亡，我的责任”。是的，不指望“匹夫”，不指望“人人”，如果我们都能说“天下兴亡是我的责任”，岂不就是做到匹夫有责、人人有责了吗？

和孩子爸爸离婚后的一段时间里，我总对孩子的爸爸有很多怨言，难道孩子是我一个人的吗？我总觉得他没有对孩子负责任。但是看到高震东先生的“我的责任”这句话后，我被震撼了。之后，我只说一句话：“教育孩子，我的责任。”

当我能百分百负责任时，发生了一个奇特的现象，我竟然没有抱怨了，而且还生出了很大的能量、很多的感恩心。这也成就了我的孩子。孩子也从“天下兴亡，我的责任”这句话中找到了巨大的能量和责任感。

责任感是一个人成功的关键，一个有责任感的孩子会生发出“积极主动”的担当者的品质来。

如何培养孩子成为杰出人才？

从“钱学森之问”到“珠峰计划”

2005年，钱学森感慨：“这么多年培养的学生，还没有哪一个的学术成就能够跟民国时期培养的大师相比。”钱老发问：“为什么我们的学校总是培养不出杰出的人才？”这就是著名的“钱学森之问”。

20世纪也有一位英国人提出过相似问题，这个人就是李约瑟。著有《中国科学技术史》的李约瑟曾问：“为什么近代自然科学只能起源于西欧，而不是中国或其他文明？”这就是“李约瑟之谜”。它提出了一个悖论：古代的中国人发明了指南针、火药、造纸术和印刷术，工业革命为什么没有发端于中国？而欧洲人却依靠指南针发现了世界，用火药打开了中国的大门，用造纸术和印刷术传播了欧洲文明。

2005年，看到钱老向总理发出的这一问时，我就在想：钱老所说的杰出人才，到底需要具备什么样的品德、品质、品格？作为一个人生命的源头，父母到底要怎么养一个孩子，才能让他成为杰出人才呢？也就是说我们如何养好自己的孩子送给学校、送给国家呢？我希望我的孩子能成为钱老所期望的那种杰出人才。虽然那个时候我的孩子才是个四五岁的孩童，但每一个伟大的人物不都是由这样的小孩童成长起来的吗？就像鲁迅先生所说："其实即使天才，在生下来的时候的第一声啼哭，也和平常的儿童的一样，决不会就是一首好诗。"

那个时候家庭教育还没有像今天一样被重视，如今国家已经以立法的形式把家庭教育提升到治国理政的高度，而那个时候，我只是自己喜欢读一些家庭教育的书籍而已。

因为"钱学森之问"，我有了这样的念想——我怎么把我的孩子培养成钱老所说的杰出人才？

我在想，那一定是德才兼备，有大格局、大胸怀的人。

孩子成才的路上，家庭的影响至关重要。家庭教育不能只关乎温饱生存，还要用家国情怀滋养孩子，让他们怀着理想和抱负，在对万物的好奇中，在不断探索中，在为中华之崛起而读书的抱负中，实现人生价值。

国家就“钱学森之问”做出了努力。

2009年由教育部联合中组部、财政部启动实施了“基础学科拔尖学生培养试验计划”，这项计划的目的就是培养拔尖创新人才。“基础学科拔尖学生培养试验计划”的2011年首批入选高校是国内17所著名学府：北京大学、清华大学、北京师范大学、南开大学、吉林大学、复旦大学、上海交通大学、南京大学、中国科学技术大学、浙江大学、厦门大学、山东大学、武汉大学、中山大学、四川大学、西安交通大学、兰州大学。这场“试验”首先从数学、物理、化学、生物、计算机学科开始。

很庆幸的是，我的儿子进入了这个计划之中。这个计划也叫“珠峰计划”，是国家为回应“钱学森之问”而推出的人才培养计划，旨在培养中国自己的学术大师。

我儿子先是进入了西安交通大学的少年班，后进入钱学森书院，成为国家重点培养的拔尖人才之一，后又保送上海交通大学致远学院的直博生，继续受国家重点培养。

通过我儿子的成长经历，我感受到国家在培养人才方面可以用八个字来形容：“不遗余力，不惜代价。”

亲爱的朋友们，我们处在一个最好的时代，让我们跟上中国的节拍，一起创造新的世界。

如何爱孩子，才能让孩子开心、幸福？

每一次相见，都是爱的回旋

我妈妈到底给了我什么样的教育？我用一个词来表达，就是“爱的教育”！

很多人会说：“不用说，哪有母亲不爱孩子的？”

我想说，我妈妈给我的爱，也许是超乎常人逻辑的爱，超乎常人思维的爱，超乎常人理解的爱。

所以我总说她不是一般的妈妈，她也总调皮地自称自己是“二班”的。

一个不快乐的妈妈培养不出快乐的孩子，因为她的孩子也不敢快乐，他不愿意背叛母亲。孩子天生会对母亲忠诚和趋同。

有人说，一个好的母亲一定是有爱的、有力量的、幽默好玩的。我深以为然。

我是最幸运的人，因为我的母亲是超级乐观幽默的妈妈，也让我有了超级乐观幽默的性格。

小时候，我喜欢她笑靥如花的脸和脸上的两道弯如柳叶的眉，还有她爽朗得旁若无人的笑声，她笑的时候，我似乎就成了天下最开心、最幸福的孩子，好像天地之间只有快乐一般，我们全部沉浸在快乐里一般。

我最喜欢的是，我妈妈一见到我就很夸张、很喜悦的表情，她张开双臂，大声而欢快地喊："儿子！"最最可爱的是，她的眉毛上下翻飞，简直就是眉飞色舞。

后来，我跟妈妈说："你的眉毛有自己的想法！"

我的爸爸不知是受她的影响还是天生和她一样，他每次见到我的时候，也是这样夸张的喜悦表情，老远就张开双臂，大声而欢快地喊："儿子！"每每听到这个，不管是妈妈喊还是爸爸喊，我就忍不住"咯咯"笑个不停，内心充满爱和幸福的感觉。这就是我最快乐的童年。即使后来爸爸妈妈分开了，他们见我时喊我的方式依然没有变。每一次相见，都是爱的回旋。

我妈妈的幽默还来自于她的反应能力。她的脑子是高速运转的，我跟她说话，她通常都接得住。记得有一次，我和她在路上走着，准备去附近的超市买东西，不知她接了一个什么电话，马上就跳起来了，难以掩饰她的喜悦。她一边跳着，一边使劲地摇着我的胳膊说："儿子，这次你考了三个满分？"

"妈妈，淡定，淡定！"哦，原来是我同学的妈妈打电话告诉她这个消息了，我看着妈妈连蹦带跳、欢喜激动的样子，内心充满幸福和平静。

"儿子，你太棒啦！你怎么都没有告诉我？"

看着我妈妈近乎疯狂的样子，我继续说："这不是很正常的吗？要是照着你现在这样的反应，以后我要是得了诺贝尔奖你还不得疯掉？"

我有点调侃地说："妈妈，注意形象，你不觉得你像是傻子吗？"

"我就是傻子他妈！"我妈妈反应超级快。

"我傻也是你生的！"我毫不示弱。

"你有可能像你爸！"妈妈反唇相讥。

"那可不一定，有可能像隔壁老王吧！哈哈！"说完，我拔腿就跑。

妈妈在后面紧追喊打……

有人说，最好的关系是彼此成就，其实母子关系也一样，母亲也需要我们的积极回馈，你会在本书中看到我是怎么样搞定老娘的。我有句名言："如果连老娘都搞不定，以后如何能搞定新娘？”虽然是玩笑话，但与家人相处确实需要我们有智慧。

我很感恩，有这样的妈妈，有这样的家庭，让我的生活快乐又有趣，我才能成长得这么好。

“四有”青年是如何培养出来的？

成人教育是一切的基础

感谢柏沐芸老师，她说想让我们母子一起来写一写马文禾的成长经历，我站在家长的角度，孩子站在他的角度，以便于给大家更全面的启发。

我儿子发来了他的提纲，看完之后，我很欣喜，他和林青贤院长一直倡导的教育方向和宗旨是如此一致，真是英雄所见略同。是的，我们都追求成才、成功，但成功的前提是先成人，成人教育是一切的基础。

我一直说，我最骄傲的不是我的孩子 14 岁取得大学的录取资格，20 岁取得博士的保送资格，不是他成绩有多么好，而是他虽然生活在看似不完整的单亲家庭当中，却拥有着完整的人格、强大的心性、高远的情怀、丰盛的思想。历经很多挫折后，他终于成为思想有深度、境界有高度、思维有广度、情感有温度的“四有”青年。

很多人好奇，这样的孩子是如何培养出来的？我们将通过本书分享这一过程，期待带给你一点点启发和思考，让我们每一个孩子都能成人、成才、成功！

期待每一个孩子都能成为国家的脊梁！

第一部分

关于成人

第一章

营造温馨的家庭氛围

……

如何更好地让孩子构建自我?

3岁前，给足孩子心理营养

“自我”是心理学中最基本的一个概念。武志红老师的新书《自我的诞生》中说：“大多数人的痛苦，根源都在于自我尚未形成！”

既然自我如此重要，我们该如何更好地让孩子构建自我呢?

我很庆幸，在我年轻的时候有缘接触到精神分析学家玛格丽特·马勒的理论观点，她认为，孩子3岁之前要顺利经历过三个阶段，才能具备健康的自我基础。

这三个阶段是正常自闭期（婴儿出生到一个月）、正常共生期（两个月到六个月）、分离—个体化时期（六个月到三十六个月）。

第一个阶段，正常自闭期。孩子从出生到1个月的时间内几乎是自闭着的，这个阶段，婴儿虽然肉体已经出生，但他的心理好像仍然活在一个封闭的蛋壳中，好像对外部的世界他都没有兴趣，这个阶段要把婴儿照顾好，就像孵化小鸡一样，让他的心理能够破壳而出，从而从自闭走向开放。

在婴儿的这个阶段，妈妈通常正处于“坐月子”的阶段，婴儿和妈妈都需要被照顾好。在我儿子出生大约一周的时候发生了一件事，当时让我深感忧虑，后来又让我深感神奇。一天，我朋友带着5岁的儿子来看望我，小男孩趁人不备，在看小宝宝的时候突然把嘴巴凑近我儿子的耳朵，大喊一声“啊——”，当时我正在孩子旁边，他的爸爸妈妈也在旁边，看到他这个举动着实吓了一大跳，赶紧制止他。他一溜烟地跑出了我的卧室。他爸爸还狠狠地呵斥了他，我也就不好多说什么，毕竟孩子还小不太懂事。但我内心深深地担忧，哪怕大人突然被凑近耳朵大叫的话也会吓一大跳，我看我的儿子似乎没有反应，丝毫没有受到影响一般，心里更担忧了，我害怕儿子是个聋子，不会将来听不到声音吧？

就这样忐忑不安地过了1个月，我发现儿子的耳朵似乎很灵，就放心下来。后来我看到马勒女士的研究理论，原来，我儿子那个时候正处在自我保护的蛋壳之中，所以毫发无伤，真的是太幸运啦！生命真的好神奇呢。

自从生了儿子，我感觉自己是世界上最幸福的人！记得刚刚生完孩子，我从产房被照顾好推回到病房时，看到我的小宝宝已经安静地躺在我床边的婴儿床上了。当时我有点累，看到小宝睡得很香，我也不知不觉地迷糊了起来。突然，我听到一声啼哭，竟然一下子坐起来，马上就要下床去抱孩子，可我身上插着导尿管。我妈妈马上制止我说："你不要命了吗？"示意我她来照顾孩子，还笑话我"一听到儿子哭一声，连自己都忘了"。我想，这就是母爱吧。

英国精神分析学家唐纳德·温尼科特提出了"原始母爱贯注"这一概念，也就是说，这个时期，妈妈有一种特殊的能力，可以全然感知孩子的感受，不用沟通即能理解婴儿的一切需求。这我深有感触。就像我正在睡梦中，儿子的一声啼哭，就能立刻让我醒来并跳起来一样。

婴儿马上进入共生期，孩子觉得妈妈就是整个世界，如果妈妈能给孩子这样的照顾，孩子会觉得整个世界都是爱他的，都在张开双臂热切地欢迎他的到来。假如有命运，这就是命运的起点。

第二个阶段，正常共生期。这个时期应该以婴儿的需求和感觉为主。比如，喂奶不以大人规定的时间和分量来，而是按照孩子的需求来。我很庆幸的是，我儿子一直是母乳喂养，没有喂一口奶粉。儿子需不需要母乳、什么时候需要、需要多少都是他自己说了算。

孩子最早期的养育决定了现在的表现。我们家长常常忽略孩子的感受和意志，按自己的感受和意志来行事。

只有当人能按照自己的感觉和需求做事时，他在这件事上的意志才得以存在，否则，他在这件事中的意志就被摧毁了。

“我的孩子为什么没有学习动力？为什么做什么事都没有意志力？”这是这十多年来，我在全国各地讲课时遇到的父母最普遍的困惑。很多孩子很难产生自己的动力或者很难有意志力，其实是因为他们的动力和意志力大多在童年早期已经被杀死了，他们早就被困在习得性无助中，觉得产生动力是没有意义的。

如果一个人的自我没有完全建立起来，他就会将“我”等同于“我”发出的具体的动力。如果一个具体的动力被否定了，他体验的就不是一个动力的失去，而是“我”被彻底否定了，“我”被杀死了。这时候，孩子很容易出现严重的问题。

第三个阶段，分离—个体化时期，也即个体化自我形成时期。如果孩子在这个时期形成了内在稳定的自我，他就可以更好地发展外在的能力，甚至还可以忍受分离。因为，他的内在有一个笃定的爱的人。很多孩子之所以不能忍受分离，是因为内在没有形成一个爱的人，所以要在外在找一个爱他的人陪在身边。

马勒女士说，这个时期妈妈的情绪稳定非常重要。就像武志红老师所说的一样："如果一个人被无爱的目光凝视过，他的自我就不能成形！"我很庆幸，那个时期，我满眼都是慈爱和幸福，给了我儿子坚实坚定的爱的基础，因为这是一个孩子自我形成的根基。一个人只有有了自我，才能谈得上有"自信、自主、自律、自动、自发、自强"等品质。

李玫瑾教授也提出了 3 岁之前的教育的重要性，如果这个时期母婴之间的情感连接不到位、不充分，我们不仅容易失去教育孩子的心理资本，还会引发孩子的情感冷漠甚至导致其出现反社会人格。

家长朋友，也请自我反思一下——看看在孩子小时候我们给孩子足够的爱了吗？我们有没有情绪失控，给孩子无爱的眼神凝视呢？

我们又做对了哪些，可以把哪些难忘的瞬间跟孩子分享呢？

如果这个时期我们真的做得不够好或者不到位，我期待你以最快的速度弥补孩子。孩子越小，弥补起来越容易。如果他已经超过 12 岁，可能已经有了一些偏差行为或者问题，这更需要父母抓紧时间和机会，给孩子快速弥补上，因为这是根基。

孩子如何确信父母爱他？

得到里外两种保护层的呵护

我真的特别幸运，我妈妈总说我是幸运之星！

第一个幸运的事是我有这么好的妈妈，你们都看到了。在我小时候，我经常听我姥姥说一些事。比如，我妈妈听到我的哭声竟然忘记了自己，马上翻身要跳起来这件事，我姥姥曾多次给我讲过，每一次姥姥都说“你妈妈太爱你了”，其实我听得出来，姥姥是心疼妈妈，因为妈妈也是她的孩子呀！我知道妈妈为什么这么爱我了，因为她有个特别爱她的妈妈。爱就是这样一代一代传承的。

还有一件事令我印象深刻。姥姥说，小时候，我们一家三口曾遭遇一场车祸，爸爸骑着摩托车，被一辆四轮车狠狠地撞上，顿时手上皮开肉绽，鲜血直流。坐在后座的妈妈怀抱着正熟睡的我，在地上翻了个跟头，腿被撞断，而我毫发无损，依然在呼呼大睡，竟然连睁眼都没有。这一定是爱的力量，神奇的力量，幸运的力量，生命的力量。我能感受到爸爸妈妈对我的那份几乎拼命的爱。一个孩子确信爸爸妈妈是百分之百、百分之一万地爱自己，父母的爱甚至超过爱他们自己，这是一份巨大的源源不断的力量。

我妈妈说得真对，我果真是最幸运的人！但我知道，我的最大的幸运，是被最有爱的父母深爱着。即使后来我父母分开了，仍然不影响他们对我的爱。

如果把养育孩子比作是“蛋—鸡”的孵化过程，那么妈妈就是蛋壳里面的软保护层，爸爸就像蛋壳外面的硬保护层。

父母分开后，我的妈妈需要一个人承担里外两种保护层的责任，这只有足够强大的女性才能做得到、做得好。

家庭教育的本质是什么？

生命影响生命

很多人问我，我为什么这么优秀，我想说是因为我有一个伟大的母亲。你要问我，我母亲是怎么教育我的，我想分享给各位一句话："生命影响生命！"

德国著名哲学家卡尔·西奥多·雅斯贝尔斯说："教育的本质是一棵树摇动另一棵树，一朵云推动另一朵云，一个灵魂召唤另一个灵魂。"我觉得我妈妈做到了本质，她就是用生命在影响生命。

妈妈是个特别乐观的人，不管处境如何艰难，她的脸上总是有笑容，特别是面对我的时候。

她爱说一句话："父母就是孩子最好的风景！"我看到的

最好的风景，就是我的母亲的一言一行、一举一动中所带出的那份乐观和从容。

美国心理学家艾伯特·梅拉比安研究总结出一个关于交流沟通的公式：55387，说的是一个人说话的影响力，面部表情、肢体语言等占到55%，语音、语调占38%，所表达的内容仅占7%。我妈妈未必知道这个公式，但她做对了。她只要一看到我，就会满脸笑容，眉毛笑得弯成了两弯新月，眼睛眯成了一条缝，张大嘴巴，“哈哈哈”爽朗的笑声瞬间传遍四周。那一刻，我瞬间进入到幸福甜蜜的爱当中……

我爸爸也是这样的人。小时候我一周才能见到他一次，但每一次见到他，他老远就会一边大声地喊着“儿子”，一边满脸笑容慢慢蹲下来，张开有力的双臂，等着我扑进他的怀里。紧接着，他两只大手卡住我的腰，用力地向上一抛，一旋转，我就能准确无误地骑到他的脖子上。这个时候，我感觉是最快乐、最兴奋的，总是忍不住“哈哈哈”地大笑着，让爸爸转得快一点，再快一点……妈妈在旁边也“哈哈哈”地大笑着。

大家感受到了吗？我的爸爸妈妈虽然分开了，但我似乎并没有受到太多不好的影响，因为我有爱我的爸爸妈妈，并且，还是不一般的爸爸妈妈。

如何跟孩子形成良好、亲密的互动模式？

心里带着爱，脸上带着笑，眼里带着光

因为性格的原因，我是天生乐观派。凭着爱孩子的本能，一看到我的儿子，我感觉那就是最幸福的时刻，我就忍不住笑出来。当我带着满心的爱看孩子的时候，我心里就想着："怎么有这么好的孩子呢？到底是谁这么有本事，生出这么好的孩子呢？"

当我带着欣赏的眼光看孩子时，他满身都是闪光点。我在夸赞孩子的时候有一个固定的模式，那就是：满脸带笑，满眼是光，对我儿子伸出两个大拇指，为他点赞。我想，如果两个脚的大脚趾也能伸出来的话，我都想伸出四个！点完赞，紧接着我会用两只手捧起儿子的小脸蛋，在他额头上狠狠地亲一下，

带响声的那种，我儿子就已经开心地“咯咯咯”笑个不停了。随后，我儿子也会用两只小手捧起我的脸，分别在我脸颊的左边和右边各亲一下，然后拥抱彼此……这就是我们最幸福的时刻。

这种模式一直持续着。即使现在我儿子的个子早就远远超过了我，每一次我只要伸出两个大拇指点赞，我儿子就不由自主地低下头来，低到我能亲到他额头的地方。

我在讲课讲这些的时候，有很多的家长很羡慕我们母子这种关系。他们问：“老师，我的孩子不让我亲近怎么办？”

林青贤院长说：“教育是设前因生后果。如果孩子的表现不是我们想看到的，那不是孩子的问题，我们一定要思考我们在前端对孩子做了什么、没做什么。”

如果孩子现在不让我们亲近，一定是我们在孩子小时候喜欢跟我们亲近的时候，没有很好地回应孩子，没有跟孩子养成良好、亲密的互动模式。这不是孩子的问题。

很多家长在跟孩子沟通时，似乎也用了梅拉比安的“55387”模式，不过是相反的模式：夸赞孩子的时候，不敢用太夸张的表情，生怕孩子骄傲。但在批评孩子的时候，却把语音语调、面部表情、肢体语言发挥得淋漓尽致。

殊不知，这种模式把对孩子的负面影响发挥到了极致。很多青春期的孩子出现一些情绪问题、心理问题，都跟父母在孩子小时候设下的前端有关。所以父母有知有觉才如此重要。

教育是什么？教育就是输入和输出。我们的一颦一笑，一举一动，一言一行，都是在做教育。如果你曾经对你的孩子有过错误的输入，那就让我们思索：我们应该做些什么来消除这些不良的影响呢？

有一个公式：心里带着爱，脸上带着笑，眼里带着光，再跟孩子做互动和交流。

有人问："老师，我笑不出来怎么办？"

有一句我很欣赏的话送给大家："如果想要给孩子没有污染的爱，父母得先变成一口清泉，否则，你就是最大的污染源。"

这也是爱自然生命力体系让父母不断成长的出发点。林青贤院长说过："你没办法给你孩子连你自己都没有的东西！"这句话还隐含着这样的信息：你能给孩子的，一定是你有的东西，而且会不知不觉地就传递给孩子，比如你的脾气、你的情绪……

亲子之间如何避免误解？

学会核对和沟通

有一天，我开车带着儿子，儿子在后排座上攻克英语单词，他给自己定的目标是每天50个新单词，一会儿工夫，我听到他自言自语：“搞定！”我忍不住对他说：“儿子，妈妈要给你点赞！”这时只听到儿子大声说：“再给爷来100个！”我一下子愣住了，心想：这个孩子怎么这么没有礼貌呢？

我说：“再来100个赞没有问题，就是这个‘爷’是不是不太合适？”

我儿子很诧异：“妈妈你说什么？我是说刚刚50个新词我很轻松就拿下，再给爷来100个新单词！”

我们俩都忍不住大笑了起来。

我儿子跟我说："妈妈，你感受到了吗？刚才我们各自在自己的世界里，可能就会产生误解！所以要学会核对和沟通。"

一个有觉察力的孩子往往是一个爱思考的孩子，能通过思考产生自己的见解和思想，这样的孩子未来不可限量。

如何避免来自情绪垃圾的打压与伤害?

拥有善于察觉和控制自己情绪的父母

孩子小时候大脑还没有完全发育，是感受力最强的时候，父母一定要控制好自己的情绪，不然，孩子可能就是你的情绪垃圾桶，成为为你的情绪买单的人。

我要感谢我的母亲，从小就给我这样的训练。比如当我小时候摔倒了，摔疼了，哭了，别的家长可能会说：“都怨这个地，妈妈帮你打他！”而那时候，我的妈妈从不这么说，她会说：“儿子，你碰了他，他也碰了你，你疼，他也疼，对吗？作用力与反作用力嘛！大小一致，方向相反，这可是最厉害的科学家牛顿研究出来的！”

妈妈给我讲牛顿的作用力和反作用力，我似乎忘记了疼痛，急着想了解最厉害的科学家牛顿的故事。我很小的时候就被妈妈用最常见的方式教授物理，不知不觉地接触到很多科学家的故事。她说，伟大的发明都是在最平常的生活中发现的，我们要有善于发现的眼睛和善于思考的内心。

我妈妈有句名言："三人行必有我师，二人行能者为师，一人行天地万物为师！"虽然我小时候不完全懂得这些话的深意，但对我的影响很大，它让我从小锻炼观察和思考的能力，对我现在的学习和科研都有相当大的益处。

教育孩子怎样才算"倾尽全力"？

学会智慧地借力

跟家长讲课的时候，我通常会送给他们十个字："不抛弃，不放弃，全力以赴！"

真正能做到这十个字的人都得到了成果，但真正能做到这十个字的人真的不多。

我跟我儿子讲："做事情有三种境界，第一个试试看，第二个尽力而为，第三个全力以赴。"你通常是在哪一个层级呢？

有个小故事，对我触动很多。

一个小男孩在院子里搬一块石头，父亲在旁边鼓励："孩子，只要你全力以赴，一定搬得起来！"但是石头太重，最终孩子也没能搬起来。他告诉父亲："石头太重，我已经用尽全力了！"

父亲说："你没有用尽全力。"小男孩不解。父亲微笑着说："因为我在你旁边，你都没有请求我的帮助！"

很多时候，我们就是这个小男孩，判断一件事情能不能做到，只去看自己的能力够不够。其实一件事情结果的达成，谁又规定只能用自己的能力呢？很多成功者并不是他的能力有多强，而是他能整合更多的资源。我们把这叫"借力"。我们在教育孩子的时候，真的有很多的力量可以借用。你用了吗？

教育孩子，第一个要借的力量，就是父亲的力。

网上有段子说，中国的家庭教育的现状是：焦虑的母亲、缺位的父亲和失控的孩子。

针对北京3—6岁幼儿的父亲的调查发现：80%的父亲认为自己工作忙，没有时间与孩子交往。

一项天津市有1054人参与的调查显示：一半以上的家庭存在父亲缺位的情况，母亲是子女教育的绝对主角。

2008年，中、日、韩、美四国的研究者发现：即使是正常家庭的父亲也已经远离了孩子。中国高中生将父亲选作第六倾诉对象，排在同性朋友、母亲、异性朋友、兄弟姐妹、网友后，其他三国的高中生也仅将父亲视为第五倾诉对象。

无论在情感、陪伴、尊重、亲密，还是在问题解决方面，大多数父亲为孩子提供的支持都不多。这说明大多数父亲在孩子成长中并没有承担应尽的责任。究其原因，可能跟父亲工作相对繁忙、父亲在孩子照顾和教育中没能达到母亲的要求等有关，甚至，还有人认为教育孩子就是妈妈的事。

父亲离孩子的教育愈来愈远，所以我们看到课堂里进行家庭教育学习的家长也 80% 以上都是母亲。

我想说母亲一定要学会智慧地借力。我就是单亲妈妈，当我懂得一个男孩越长大越需要来自父亲的力量的时候，儿子的父亲就成了我的最好的“资源”，为了我的儿子，我也要把他“利用”得淋漓尽致！

要为孩子塑造怎样的成长环境？

“一个中心，两个基本点”

父母之爱子，则为之计深远！

当初离婚，我权衡了很久：对我儿子来讲，是生活在一个有矛盾、有冲突但完整的家庭里好呢？还是给他一个相对安稳但单亲的家庭好呢？

当我犹豫不决时，我看到我儿子和小朋友玩耍时的行为跟我们夫妻相处时的行为模式一模一样，我下定了决心：我这么聪明、学习模仿能力那么强的孩子，我要给他最好的，把他培养成才。

特别感谢孩子的爸爸，在这个过程中，我们达成了一致，我在我们分开的时候制定了一个“一个中心，两个基本点”的

“政策”：

“一个中心”是指一切都以孩子的健康成长为中心。

“两个基本点”是指孩子小的时候需要妈妈带，所以先跟着妈妈；等长大了，继续跟妈妈，还是给爸爸带，我们尊重孩子的意愿。

所以之后，只要与儿子的健康成长相关，我们都会无条件地配合。

我在讲课的时候也遇到过很多离婚的家庭，婚姻失败了，家庭破裂了，孩子就成了殉葬品，这是最悲剧的事情。

究其原因，无非是家长不成熟。很多人总是陷在过往爱恨情仇的情绪中难以自拔，自私地只考虑自己的得失行事，忘记了孩子才是最大的财富，只考虑自己的感受而忘记了孩子的感受。

所有的不成熟都需要付出代价，都会在生活中为其买单，甚至有时候会付出生命的代价。这并不是危言耸听，而是这样的悲剧我们看得实在太多了。

孩子如何才能不纠结地成长？

爸爸妈妈的教育具有一致性

我前面说过，单亲家庭未必是坏事，这取决于父母的认知和态度。我很庆幸，我的父母虽然分开了，他们都深深地爱着我。特别是我的妈妈，她对我影响深远。

她从来没有在我面前抱怨过爸爸。我小时候，妈妈还经常对我说爸爸如何优秀，如何好。我就很纳闷，我 5 岁多的时候就问过妈妈这个问题："既然爸爸那么好，那你们为什么离婚？"

没想到我妈妈说："儿子你看，爸爸想去北京，妈妈想去南京，北京、南京不在一个方向，所以我们俩没有办法同路呀！"

那时候我还小，用手比画了一下北京、南京，果然不在同一个方向。我赶紧跟妈妈说："妈妈，我要和你一起去南京！"

妈妈说："是呀，儿子，你不就是跟妈妈一起的吗？未来有一天，你想跟爸爸去北京也是可以的！"

我妈妈没有食言。我15岁考上少年班的谢师宴举办当天，我爸爸喝得有点醉了，他在我老师和同学以及亲戚的见证下上台发言，对我妈妈说："我代表我们马家十八代祖宗感谢你，你为我们马家培养了一个好儿子！"

他接着说："前几年你辛苦了，从今天开始，你可以歇歇了，我要上岗了。从今往后，孩子的一切吃穿用度，都由我一人承担，不用你再出一分钱！"

我感动得哭了，心里无限感恩，心想：我为什么如此幸运，有如此好的父母，他们当初没有争着不要我，而是想着给我最好的爱。

我姥姥听到这些有些不舍，又有些不解："为什么孩子成才了，你就来争了呢？"

我也怕妈妈难过，对妈妈说："妈妈，你要给我爸爸机会，让他向我表达爱的机会！"

没想到妈妈说："当然了，儿子，当年妈妈就说过，未来有一天你想跟爸爸一起去北京，也是可以的！"

一个孩子充分体会到爸爸妈妈的爱，跟他们在不在一起没有关系。

我看到有的同学的爸爸妈妈，他们在一起生活，却常常对孩子的教育各执一词，甚至经常吵架。他们没有分开并不是因为他们多么相爱，而通常是因为妈妈没有足够强大，最起码没有我妈妈那样强大！

美国著名心理治疗师维吉尼亚·萨提亚女士说：“如果没有一个好的婚姻，不如有一个好的离婚。”我很幸运，我的父母有一个好的离婚，而且，他们总是以我的健康成长为第一原则，所以，即使他俩分开了，从小到大，只要我需要，他们都会不遗余力地给予我爱，以至于小时候我都不觉得爸爸妈妈是离婚的：周末的时候，爸爸妈妈一起陪我，一起吃饭，一起看电影，一起去动物园或者游乐场……我觉得我并没有缺少爱。

我妈妈告诉我，要过不抱怨的人生。她说：“没有命运，只有选择。”命运是一个个选择连接起来的轨迹。选择无处不在，小到每天的吃饭，大到人生的未来。比如：每天吃饭，你想吃什么饭？和谁一起吃？是在家还是在饭店？

既然是选择，就有主动选择和被动选择。她问我：“你想要主动选择还是被动选择？”我当然要主动选择！既然是自己的主动选择，还有什么可抱怨的呢？

她经常说：“人只要能为自己的选择负起责任，为自己的选择承担结果即可。”在我的成长中，她也是这么培养我为自己的人生做选择以及为自己的选择负责任的。

我记得也是在那个谢师宴上，我妈妈喝了点酒，有点激动地对我说："儿子，对不起，当年是爸爸妈妈的选择，让你生活在单亲家庭中。爸爸妈妈始终觉得亏欠你！"

我不想让爸爸妈妈有愧疚感，他们没有做错什么。我说："其实，特别感谢爸爸妈妈当年的选择，如果不是生活在单亲家庭，说不定还没有我今天的成绩呢！"

看着大家疑惑的样子，我接着说："单亲家庭最直接的好处有两个。第一个是我没有来自父亲的暴力威胁。我的同学差不多都挨过爸爸的打，但我没有。我爸爸隔一段时间见我一次，每一次都亲还亲不够，更不会打我。第二个是我不纠结。我的同学有时候很纠结，因为他的爸爸妈妈的教育模式甚至理念都不一致，他经常不知道该听谁的。我只有妈妈的标准，就很清晰，不纠结。因为纠结就是消耗！"

妈妈听完我的话，流着眼泪对我说："儿子，妈妈放心了。是的，世间的事无谓好事坏事，关键是看我们怎么看，你能从所谓的问题当中看到资源，未来无论学习还是生活，都没有难事了！"

我也很受启发："有阴影的地方背后一定有阳光，只需要转身就好。有问题的地方一定有资源，就看我们有没有慧眼！"

我妈妈狠狠地点头，一直称赞我具备哲学家的特质。

后来，我还教给妈妈一招：“你讲课的时候人家问你是怎么把我培养得这么优秀的，你就告诉他们——离婚就行了！”

我妈妈当时就急了：“我要这么讲，林院长不开除我了吗？叫人离婚！”

我哈哈大笑：“妈，你怎么一点幽默感都没有？我的意思是说，如果要培养出优秀的人才，爸爸妈妈的教育必须一致，所以要夫妻共同学习！”妈妈这才松了口气。

如何培养一个孩子的自信？

6岁前，让孩子充分体验“我能行”的感觉

如何培养一个孩子的自信？有专家说：“孩子的自信来源于成人5000次以上的肯定。”我深信这句话。很多父母不善于肯定自己的孩子，别说5000次的肯定了，甚至只有500次的否定。孩子的自信又从何谈起呢？

自信第一来源于他信，最初的他信就是父母的相信、父母的肯定，还有身边其他人的相信和赞美。第二来自于自己每一次的做到。

以上这两点是孩子长大了更容易得到还是孩子小时候更好得到呢？毫无疑问，当然是越小越容易了。

美国社会心理学家阿尔伯特·班杜拉曾经提出“自我效能感”

的概念。他认为，自我效能感就是人们对自身能否利用所拥有的技能去完成某项工作的自信程度。简单说，就是孩子通过克服一个又一个困难，不断经验到“我能行”的感觉，这就是自信被不断证实，不断确认。

因此，我们首先需要孩子建立起自我。没有自我的孩子很难谈得上自信的。

我在儿子小时候不吝啬对他的肯定。

我不知道别人都用自媒体来做什么，但我的自媒体只有一个目标：记录我儿子的成长经历，获得朋友圈里的人对他的最大程度的赞美和支持。

我记录了孩子帮我干家务。我儿子最爱帮我干活了。他第一次洗碗时，因为个子太小还够不到洗碗池，于是在下面就垫了一个小板凳，他站在上面洗，挤了大概半瓶洗洁精出来，用了大概半吨水，洗了大概半小时，弄了一池子彩虹泡泡。碗有没有洗干净，我没注意，反正他快把自己洗干净了，全身都洗得几乎湿透了。

我还记录了他第一次洗自己的小内裤，洗澡的时候他说：“妈妈，我长大了，要自己洗衣服。”他顺手脱掉小内裤，洗澡的整个过程都在洗内裤，他小胳膊一抡，“嗖嗖”地揉了好几圈，最后用力一抡，刚刚好把它抡到了衣架上，赶快叫我：“妈妈快看看，我自己洗的衣服。”

还有他帮我摆水果，总是摆各种造型；帮我做饭……

这些都是孝顺能干的表现呢！我就把它们都发布到社交网络上，让他得到被肯定的感觉。

我从不吝啬对孩子的肯定，还利用更多的资源为他能量加持。比如，我曾经三次发朋友圈写道："曹操说'生子当如孙仲谋'，我说'仲谋不如我文禾'！"每次发完之后，都会有很多点赞。我儿子那时还小，虽然不一定知道孙仲谋有哪些成就，但他特别关注有多少人点赞，总是问："妈妈，怎么那么多人点赞？"他现在都不记得当时是发生了什么事，只记得那种无比的自信和成就感。这就足够了。我想我儿子在他 6 岁之前，已经得到远远超过 5000 次的肯定了。

虽然他生活在单亲家庭中，但我跟他爸爸有约定，如果看到孩子的不足和缺点，不要直接跟孩子说，我要他唱红脸，给孩子留下好印象，不好的地方他可以跟我说，由我来表达。但到今天为止，我也从未发现过孩子的不足。

有的家长问："那表扬孩子他骄傲了怎么办？孩子做错了难道也不惩罚吗？"

首先，表扬了孩子他就会骄傲是你的错误认知，或者你表扬的方式错了，比如表扬孩子的聪明而不是他的努力。该表扬的是过程而不仅仅是结果。

其次，对错是个伪命题。何为对？何为错？“对”无非是孩子符合了你的要求、你的标准，你能够保证你的要求都是对的吗？你能保证你的标准就是对的吗？不能！我经常说：“你不能拿着自己的标尺去丈量别人的世界，你是量不准的。”家里不是讲理的地方，是讲情的地方，让我们少一点自己的标准，多看到孩子做到的部分，给予孩子更多受肯定的机会和次数，才能培养出自信的孩子。

有人说：“老师，你把这些放到朋友圈，让那么多人看到，你不怕别人说你吗？”

看看，你的自信都不够！你太在意别人的评价，永远活不出你自己。活在别人眼里，就容易死在别人的嘴里！彪悍的人生不需要解释。你得有这样的自信！你无法给到孩子连你自己都没有的东西。

我儿子有一次问我：“妈妈，你知道怎么做到泰山崩于前而面不改色吗？”

我说：“我还真不知道，甚至都没有想过这个问题！”

儿子说：“泰山崩是泰山的事情，与你何干？”说这话的时候他还只是个12岁左右的孩子，是不是已经达到了“无我”的状态？

如何让孩子在思考问题中获得成就感？

“儿子，你的三种办法是？”

2004年，我儿子4岁的时候，我离婚了。原来加上爷爷奶奶，我们共有四个大人管一个孩子，现在就只有我一个了，虽然带他的过程还算顺利，但也难免有遇到困难和挫折的时候。每当这个时候，只要我面露难色，我儿子就会说一句话：“妈妈别怕，我有办法！”瞬间把我从黑暗拉回光明。我总会两眼放光：“有儿子真好！”

我告诉儿子，就像“攻心为上，攻城为下”一样，任何事情都有上策、中策、下策三种解决办法。

记得有一次，因为下大雪，我们打不到车去亲戚家（将近20年前还没有现在这么便捷的网上打车系统），但我们已经在超市买好了满满一大堆的东西。“该怎么办呢？”我犯起了难。

我儿子说：“妈妈别怕，我有办法！第一个办法，咱可以坐火箭，‘嗖’一下就可以从空中飞过去；第二个办法，可以给爸爸打电话，让他来接咱们；第三个办法，还可以给朋友打电话，求他们帮忙！”

我给了儿子大大的肯定：“儿子，你好棒！是的，当遇到阻碍时，可以绕过它，地上有这么深的雪，我们可以从空中走，还可以寻求家人、朋友或其他人的帮助，很棒！有儿子真好！”

也许有人会说，坐火箭？多么荒唐的想法。你错了。对一个三四岁的孩子来讲，他的想象力是不受限制的，这时候，保护好他的思考力、想象力比什么都更重要！最关键的是，让孩子通过自己的思考找到方法，能给孩子很大的价值感和成就感，也锻炼了孩子的责任心和承载力，还给我们母子之间留下很多深情美好的记忆。

“妈妈别怕，我有办法！”现在一回想起来，就有一种非常温暖的感觉。

如何保证孩子成长不被压力破坏？

“儿子，你抵得上全世界！”

我 13 岁左右，爸爸新买了一辆路虎，特地接我去兜风。一路上爸爸都很兴奋，向我诉说着他的成就。我一方面为爸爸的成功开心，一方面因为想到我妈妈而有点难过。

回到家，我见到妈妈就问她：“妈妈，你和爸爸是同学。无论是人品、能力、学历，你都不比他差。要不是因为我，你会创造和他一样的社会财富和地位，甚至比他更多。妈妈，我知道你为了我，连公司也不要了……”我没有说出口的是：“妈妈，是我耽误了你吗？我是你的累赘吗？”

妈妈没等我说完，突然一下子紧紧地抱住我，用坚定的语气告诉我：“儿子，你抵得上世间所有的财富，你抵得上全世界！”

那一刻，我泪如雨下，内心暗暗发誓，一定要成为妈妈的骄傲。

也许一般的妈妈会顺势说："是的，我为你付出多少，你知道了吧？你可要为我争气啊！你学不好看看你对得起我吗？"听了这些话的孩子也许会有完全不同的未来。

在我的身边也有很多说类似的话的人，我小时候，有邻居对我说："孩子，你看看你妈妈一个人带你多不容易……"没等他们说完，我妈妈一摆手说："请不要对我的孩子说这样的话，我一个人带孩子没有感觉多不容易，我感受到的都是幸福，儿子带给我的都是幸福！"后来，再有人对我说类似的话，我妈妈都直接怼回去："都给我打住，如果再说类似的话，我要撵人啦！我的儿子带给我的是无尽的幸福，只有幸福！"

很多处于单亲家庭里的妈妈不但不能保护、维护孩子，还经常自己说抱怨孩子的话。这会给孩子很多压力。这也是单亲家庭里的孩子经常会出现心理问题或者偏差行为的原因之一。

如何给孩子安全感？

我是要第一个站出来保护他的

单亲家庭的孩子本来就安全感不足，承受的比一般的孩子多，所以他们大多数都很敏感，因此我就要给我的孩子满满的安全感。只要有人说了消极否定的话，或者说了让我儿子有压力的话，我是要第一个站出来保护他的，就连我妈妈当初有这样的发言都被我制止了。

我不但要保证我儿子的安全感，更要提升他的价值感，夯实和锚定他的价值感。一个有自我价值的孩子才会自信，自信才能自立，自立才能自强！一个自信、自立、自强的孩子，注定会创造无限可能性。儿子从 40 分到第一名，从刚入少年班的 698 名到出少年班时的第一名，不就是一个个奇迹吗？奇迹得益于底层的丰满和坚实，这就是内在拥有、外在自然呈现的内圣外王的见证。

我把培养孩子的金字塔分为这样几层：心理健康、心性强大、情怀高远、学业优秀、成就卓著。这个顺序不能变，是一级一级上升的，前一级都是后一级的基础。前两者是地基，地基不稳，大厦将倾矣。

什么是心理健康呢？简单来说，是一个人对内有自信，对外有热情。

什么是心性强大？简单地说就是八风吹不动，就是泰山崩于前而面不改色，就是建立自我，追求无我。

很多家长把前几层都省了，直接追求学业优秀。这是无本之木。即使孩子一时取得点好成绩，隐患也是很多的。家长一定要记住：必须把孩子成长的地基打坚实了，才能在上面建更高的大厦。

孩子青春期“早恋”怎么办？

尊重孩子的感情并给孩子正确的引导

一提到“早恋”这个词，家长们是不是脸就变色了呢？其实孩子早恋没那么可怕，我来讲一下我儿子的经历。

儿子真正的初恋是在八年级的期末。我的孩子一般都是在学校做完作业才回家的，我常常去接他。突然有一天，孩子跟我说：“妈妈，你不用天天去接我，我做完作业自己能回家的！”

“我在家也没什么事就顺便来接接你呗！”我有点轻描淡写地说。

第二天再去接他的时候，隔老远我就看到孩子躲得远远的，还非常生气。

我想，是不是妈妈老去接，孩子被同学笑话了？也没过多在意，就是减少去接他的次数。

八年级的一天，我又一次被叫家长，班主任老师说：“马文禾是我们班的一匹黑马，成绩刚刚提上来，不能又因为谈恋爱而滑下去，八年级很重要，要么上，要么下，你赶快想办法把他们分开。”

我说：“爱情是多么伟大的力量，连人都造得出来，为什么要把他们分开？”老师气坏了，说：“你这个家长怎么不是一般的家长？”我说：“是的老师，我是‘二班’的。”老师觉得我不可理喻，拂袖而去。我那时已经学了一年的心理学和家庭教育，对孩子的心理还是有所了解的。我对渐渐远去的老师大声地说：“老师，放心，我保证不影响孩子的成绩！”

果真，那次到期中考试的时候，我儿子还是第一，那个女孩则从第二十一名到了第三名。我到底是怎么做的呢？

当天晚上孩子放学回家的时候，我跟他说：“儿子，今天你班主任叫我过去了，说你谈恋爱了？”我故意停下了，明显感觉到孩子似乎已经做好了战斗的准备，他很紧张，睁大了眼睛，没有说话，在等着我的反应，我停了一下，故意用更大一些的声音说：“我非常高兴！”我故意又停了一下，他的眼神和表情由紧张、惊恐变为惊异，似乎不太相信自己的耳朵，他问我：“妈妈，你说什么？！”

“我说我非常高兴，理由有两个：第一，我的孩子长大了；第二，我的儿子是优秀的，有姑娘喜欢！”

儿子听着脸上竟然有了笑意，又似乎恢复了他平时的幽默洒脱：“妈妈，你果真不是一般的妈妈！”

我接着说：“妈妈要告诉你一个秘密，我上中学的时候，暗恋过一个男孩……”

儿子一听来劲了：“妈妈，快给我讲讲你的恋爱史！”

本来紧张的气氛一下子缓和了。

当和孩子关系和谐的时候，我们才能走进孩子的内心，孩子才愿意把心里话讲给我们听，我们也更容易了解实际情况，从而达到引导和教育的目的。

我结识过很多这样的家长，一听说孩子早恋了就很紧张，很容易对孩子发脾气。这样就造成了孩子心门关闭，从而情绪上对抗，行为上偏差。处理不好，后果不敢想。其实孩子还小，需要家长用心地引导。先处理好关系，才能更好地解决问题。

我就一五一十地给他讲了我的初恋故事。

“后来呢？”儿子迫不及待地追问。

“后来当然就没有后来了，不然就不会有你了。”我调侃地说，也带有一点点暗示小时候谈的恋爱都没有后来的意思。

“妈妈，再讲讲你的后来呗！”儿子意犹未尽。

“后来，就到了大学，遇见了你爸爸！这你都知道的啦！”

“妈妈，你这也太简单了，我的从哪里给你说起呢？从幼儿园吧！”他竟然主动向我分享他从没有说过的恋爱了。要想让孩子分享秘密，我们家长最好先贡献一个自己的秘密。

“什么？儿子，你的初恋竟然在幼儿园？”我有点吃惊地问。

“妈妈，你知道的，我们班里的洋洋，不但长得漂亮，而且还会唱歌跳舞，我们班的男孩都喜欢她。”

“接下来，就是小学时候的……”

最后说到现在的这个女孩，他不好意思地挠了挠头：“妈妈你知道吗？她也就是问我问题，我们接触得多一点，你放心，我不会因为这个耽误学习的！我有分寸的！你还不相信你的儿子吗？生物都是考满分的，我知道什么事能做什么事不能做的。”

“我当然相信我的儿子！”我提高声音用肯定的语气说。

此时气氛非常融洽，既把我的原则传达给孩子，又拉近了彼此的距离，更重要的是，儿子能如此敞开谈这件事，我心里就有底了。很多的家长之所以恐惧就是因为心里没有底。

我接着说：“妈妈明天就准备新买个手机，儿子长大了，是该有自己的隐私！”

儿子笑着说：“不就是这点事吗？你都知道了，什么隐私啊！”

一场危机就这样化解。

青春期的孩子情窦初开，对异性有好感很正常，但他们毕竟还小，需要父母的指导。但很多时候，家长一味反对反而适得其反，我决心要帮助孩子安全度过青春期，给孩子多一点引导。

一天晚上，我早早地就到了校门外，远远地看到他们两个一路边走边笑，非常开心。我不忍打扰他们，等到了分岔路口，他们站着聊了起来，我慢慢地走了过去，他们都看到我了，女孩的脸红了，头低下了。

我跟女孩打过招呼后，语重心长地对她说：“孩子，首先我很尊重这种感情，因为这很纯真。你们能在一起相互学习，相互帮助，这很好！”说到这里，女孩有点自卑地说：“我帮不了他什么忙！”“在学习上他可以帮助你，在生活上或者为人处世上你可以帮助他！每个人都有自己的长处。我期望未来你们俩能考上同一所大学，那该是多么美好的场景，加油吧孩子们！”我又接着说：“你的爸爸妈妈知道吗？”女孩说：“不知道，我不敢跟我爸妈说！”我说：“你们在成长的过程中遇到的学习、生活以及感情上的烦恼和困惑都可以跟爸爸妈妈说，我们只会帮助你们而不会责怪你们！”

整个过程我儿子就咧嘴笑，女孩的头低着。我怕说太多了女孩有想法，就说：“时间不早了，早些回家吧，别让父母担心。”

我们刚一分开，儿子就搂着我的肩膀说："谢谢你，妈妈！"

第二天放学回来，儿子跟我说："妈妈，你昨天的谈话起作用了，今天她就让她妈妈给她报了个数学培训班，她要把数学补一补，要和我考同一个大学呢！"我心里也很欣慰，觉得这个事情处理得还算得当。

日子就这样平稳地度过，儿子学习还是很努力，也不反感我去接他。很快到了期中考试，我心里有些隐忧，不知道孩子是否真的没受影响。

等到考试成绩出来，儿子还是班级的第一名，我悬着的心放了下来。可喜的是女孩的成绩竟然由原来的二十一名上升到了第三名！

我对儿子伸出大拇指，说："我的儿子我知道的！"

直到最后，我的儿子也没受多少"早恋"的影响，顺利地考上了少年班！

孩子经历这些，体会其中的酸甜苦辣，体会其中的美好和苦涩，也是他们成长中的收获。

后来有次假期出去旅游时，我还提醒儿子要不要给他的朋友带些礼物，儿子感动地说："妈妈真好，你真善解人意！"我们俩相视一笑，他明白我指的谁。旅游回来，儿子很大方地跟我说要和几个同学一起出去玩，我特地把孩子送到他们聚会地点，中途还去女孩家接了她。

一场危机就这么化解了。假如家长知道了孩子“早恋”后的反应比较激烈，必定导致孩子产生反叛心理，这不但不能制止“早恋”，反而可能将事情推向无法控制的地步，亲子关系被破坏，这就太不值得了。尊重孩子的感情并给孩子正确的引导，千万不要和孩子把关系闹僵，要不孩子以后什么情况都不跟你说，你可就两眼一抹黑了。

孩子总要长大，该经历的总要经历，我们不可能把他们搂在怀里一辈子，经历就是成长，从这个角度来说，早恋应该是一件好事！早恋就是早练，只要孩子别过了头。

家长们多用心观察他们的学习和生活，多关怀他们的心理健康，多给他们谈谈你年轻时的恋爱故事，跟他们一起分析得失感受，我想孩子能体会到其中的深意的。

现在很多父母的现状是上学时不准孩子谈恋爱甚至男女交往，毕业了就希望孩子马上结婚，真的毫无道理。

第二章

培养良好道德品质

……

从小给孩子建立规则有什么好处？

造就基本品格，减低人生风险

儿子上幼儿园时，有一次，一个小朋友撞倒了他，看样子撞得不轻，他大哭起来，我给他揉一揉："撞疼了是吧？妈妈给揉揉！没关系的！"他哭着大声地对那个孩子说："你还没说'对不起'，怎么可能'没关系'？"那个小朋友怯怯地对他说了声："对不起。"我儿子眼含着泪抽泣着说："嗯，没关系……"这场意外就此化解。

这就是"对不起、没关系"的顺序。

后来我才知道，这时候的小孩子进入了秩序敏感期，对外在的秩序感要求特别多。比如我们每一次吃水果的时候，我儿子都让我把水果切好，他则会把水果摆出优美的造型。还有一次洗衣服的时候，我把衣服口袋里的零钱拿出来，孩子竟然把钱按照大小额度整整齐齐地排列好了，还发现了一张假钱。

儿童教育专家孙瑞雪说：秩序是文明的基础。一旦儿童有了良好的秩序感，自我的形成就成为可能，内在就是和谐的。

秩序还是诚信的基础。一个孩子在有秩序的环境中长大，会形成秩序意识、规则意识、独立意识和契约意识，这样的孩子长大成人后，就成为一个有秩序的社会人，遵守并创造秩序。这样，人和社会就都有了安全感，开始信任社会和他人，这种信任感逐渐形成了人的基本品质，人就会变成一个诚信的人。所以家长给孩子建立良好的规则意识非常重要，这将影响孩子的未来。

家长们不学习，不知不觉就会犯下不可逆转的错误，比如，孩子在秩序敏感期，有些家长会制止孩子，有的甚至会笑话孩子，带给孩子很多心理创伤。

真的很庆幸，那个时候我是用欣赏的眼光来看待孩子的这些表现的。因为秩序成习惯，习惯成自然，自然成人格，是童年造就了一个人的基本品格和素质。所以，上学后，在别的孩子容易出现所谓“叛逆”问题的很多事情上，儿子从来没有乱了规则秩序。

比如，中小学上学期间，学校规定一定要穿校服，我儿子从来没有违反过。有一次，校服洗了没有干，他竟然里面穿了一件其他衣服，把湿的校服套在了外面，到学校的时候，外面的校服被冻得结成冰板，直挺挺的。

对待手机也是如此。我儿子从小就有手机，是他过生日的时候爸爸送的。但学校规定不让把手机带到学校。我儿子真的一次都没有违反过规定。有一次他班主任说，他们班只有两个孩子从来没有进过网吧，其中一个就是我儿子。

我儿子 15 岁到了离家千里之外的天津南开中学，很多孩子向家长反馈了好多问题，我儿子从来没有向我说过。我在家长群里看到其他家长的反馈，问儿子时，他说："再有漏洞，我们不去碰触它们，不就安全了吗？"

从小遵守规则，孩子就不会做出格的事情，人生风险就会降低很多。

孩子做错事家长如何应对？

“三不罚”政策

孩子做错事要不要惩罚、怎么惩罚，不同人有不同的看法。我想说的是，人人都会犯错，孩子更是如此。

我们首先要考虑的是惩罚的目的是什么。想让孩子不断修正错误的做法，树立良好的习惯和人生观，我们对孩子“错误”的反应就很重要。

我们家有“三不罚”政策。

第一不罚：第一次犯错不罚。第一次孩子根本不知道何为对何为错，也许是我们家长没有引导，这是大人的问题，妈妈要耐心讲解“正确”是怎么回事。

第二不罚：不是故意的不罚。大人也有失误的时候，何况孩子。允许孩子试错、犯错，因为犯错也是成长的必经阶段，比如不摔跤就学不会走路。

第三不罚：知错就改不罚。知错能改，善莫大焉。

但不罚不代表不为自己的行为负责，每个人都应该为自己的行为负责，不管是有意或者无意。要让孩子有意地约束自己的言行。

孩子哭闹怎么办?

一次教育断掉终生惩罚

我儿子小时候有点龋齿，我就限制他吃糖。他 2 岁的时候，有一次我带他去超市，把他放在超市的小推车上，我一边推着车，一边浏览着商品。小家伙见糖就拿，不一会儿已经从货架上拿了好几包糖果，我一看，就偷偷地把糖又放回了货架，儿子扭头看到糖没有了的时候，就大哭了起来。

我说：“儿子，没有买到自己选好的糖，是很难过，妈妈能理解，你可以哭，那你是哭五分钟还是三分钟？”儿子哽咽着说：“三分钟。”我说：“好的，我就先进去逛三分钟，等你哭好了咱们再回家。”儿子哭的声音更大了。我说完扭头就走，儿子看着我走了越发地哭，我们在进行一场较量，看谁先败下阵来。我走到了拐角，一拐没影了，儿子先是更大声地哭了几声，见我没有反应，就不哭了。又等了一会儿，见我还没反应，开始大叫起来："妈妈，原谅我一次吧，我是你的儿子呀，你就不能原谅一次吗？"

我听到周边的买东西的人议论纷纷："这孩子真懂事！""这是谁的孩子？"又听到儿子在喊"原谅我一次"，我就走回来了。我跟他说："儿子，以后你想买什么东西可以跟妈妈商量，但哭是不能解决任何问题的。如果你好好说，我会考虑，该买的给你买，但如果你哭闹，那该买的也不会买，这就是对哭闹的惩罚！那今天咱们的糖就不能买了！"我儿子似懂非懂地点了点头。

从那以后，我孩子想要什么东西都先有理有据地进行说明，比如他本来有很多恐龙玩具，但每次见到卖恐龙玩具的都想再买，所以他就会想不同的理由来说服我——

"这个是霸王龙，是最厉害的龙。"

"这个是三角龙，是个小龙，是我那个三角龙的孩子，他们一家在一起多好。"

"这是他们家的表兄表弟，总不能让他们家这么孤独吧？"

"咱家那个是塑料的，这个塑胶的感觉更真实。"

…………

我在他这样那样的理由下给他买了整整六大箱的恐龙玩具，但他获得这些玩具从来没有用哭闹的手段，真的是一次教育断掉终生惩罚，这一招效果特别好！这还锻炼了儿子超强的口才和换位思考的能力，他会站在对方的角度来分析问题，从而练就了较高的情商和沟通能力，还锻炼了他的演说能力。

如果孩子一哭闹，家长就满足他的要求，以后他一定会用哭闹来达到目的。不是我们的孩子爱哭闹，而是我们家长不知不觉地培养了孩子的这个模式。我们要反思。萨提亚女士说：问题本身不是问题，我们怎么看待问题才是问题。父母要学习的是有足够的觉察力和智慧，从问题中看到其中蕴含的教育资源，正所谓“烦恼即菩提，磨难是恩典”。

如何培养孩子诚实守信？

“我儿子可是监督着我呢！”

你想培养一个诚实守信的孩子吗？我想任何人的答案都是肯定的。那怎么样才能做到呢？

第一，培养诚实守信的孩子，父母要以身作则。

曾子杀猪的故事说的是曾子的妻子到集市去，她的儿子一边跟着她一边哭泣。曾子的妻子对孩子说：“你回去，等我回家后为你杀一头猪。”妻子到集市后回来了，曾子就要抓一头猪把它杀了，妻子制止他说：“我只不过是与小孩子开玩笑罢了。”曾子说：“小孩子是不能和他开玩笑的。小孩子是不懂事的，要依赖父母学习，并听从父母的教诲。现在你欺骗他，是在教他学会欺骗。母亲欺骗儿子，儿子就不会相信自己的母亲，这不是教育孩子该用的办法。”于是曾子马上杀猪煮了肉吃。

父母随口哄骗孩子，对孩子的影响有多么大啊！这样不经意的行为是无法培养出孩子的诚实守信来的，更有甚者，会让孩子对父母都失去信任。

在我儿子小时候，我和他爸爸约定，爸爸每周来接儿子一次。有一天，爸爸打电话给儿子：“宝贝，爸爸十分钟就到了，你等着我，爸爸带你去吃麦当劳！”儿子一周都没有见到爸爸，内心非常期盼，加上还有麦当劳吃，就更高兴了。他兴奋地收拾自己的小书包，带上最喜欢的书和玩具，穿戴整齐，搬个小凳子坐上，两手托腮，看着钟表上的指针，问我说：“妈妈，十分钟是多久？”

我回：“就是这个针从这里走到这里的时候！”

儿子认真地坐着，认真地看着，认真地等着。

儿子说：“妈妈，这个针走到这里了，够十分钟了，爸爸怎么还没有到？你给他打个电话吧！”

我给爸爸打电话，爸爸跟儿子说：“儿子，爸爸马上就到！再等十分钟！”

“怎么还有十分钟，刚才你不是说十分钟吗？”儿子有点急了。

爸爸说：“儿子，爸爸这里有点事，十分钟，十分钟就到！”

儿子的热情似乎没有这么高了，但仍然坐在那里两眼盯着钟表。

又过了十分钟，爸爸还是没有到，儿子开始放下小书包，满脸失望，准备脱鞋子换上室内用的拖鞋。他一边换鞋一边跟我说："妈妈，得亏你跟爸爸离婚了，他老是说谎！"

我说："也许爸爸真的有事了，妈妈再打个电话问问。"

正说着，爸爸到了，热情地张开怀抱："儿子，咱们去吃麦当劳吧！"

儿子瞬间开心起来，马上穿上小鞋子跟爸爸出去了。

等到下午回来，儿子气鼓鼓地跟我说："妈妈，得亏你跟爸爸离婚了，他就是个说话不算话的人！"

"他今天一天就说了三次谎！"还没有等我问，儿子接着说，"第一次他说十分钟，十分钟没到；第二次他又说十分钟，十分钟又没到；第三次，他说带我去吃麦当劳，他竟然进了肯德基！"

还有一次，在带着儿子去新华书店的路上，我接到一个朋友的电话，说想去我家里找我，我跟她说："我不在家，我在新华书店。"

没想到刚挂了电话，我看到4岁的儿子表情严肃，两手叉腰，很认真地质问我说："妈妈，你说谎！"

我愣了一下，没有反应过来。

儿子说："你没有在新华书店，你告诉别人你在新华书店！"

我一下子明白了。我马上做了一个动作——把电话回拨过去："我需要更正一下，我现在没有在新华书店，我在去新华书店的路上，我在二七路和健康路的交叉口的西北角，离书店还有 50 米的样子……"

我那个朋友整蒙了，她忍不住笑了，说："你不用给我报那么清楚，我又不查你的行踪！"

我说："你不查我的行踪，但我儿子可是监督着我呢！"

挂了电话，我又做了一个动作——蹲下身来，伸出两个大拇指，为我儿子点赞！

"儿子，谢谢你，刚才为妈妈纠正了一个错误，有你真好，妈妈很欣赏你做诚实守信的孩子！"

当我看到儿子脸上升起来满满的自豪感和幸福感，我知道，诚实守信的这个种子已经深深地种在他的心田。

有人说："老师，我觉得你小题大做了，不就 50 米吗？马上就到了，还至于那么做吗？"我想说，孩子的世界里没有小事，孩子越小，我们的言行对孩子的影响就越大。

记得有一个妈妈很焦虑，她说："老师，我的孩子今年 9 岁，小小年纪，竟然说谎，而且面不改色心不跳。这在我们家是不允许的。我们家是书香门第，我爸爸是老师，我哥哥是老师，我妹妹也是老师，我也是老师，说谎在我们家是绝不允许的……”

我看她越说越激动，打断了她，问她：“你有说过谎吗？”

“我没有，从来没有，我们家是书香门第，要求很严的……”她又开始激动地说。

“真的？”我表示怀疑，又问现场的家长们，“长这么大，一句谎话都没有说过的请举手！”课堂上鸦雀无声，无一人举手，只有这个妈妈举了手又慢慢地放下，有点不太确定。

我再次跟她确认：“你真的长这么大一次谎话都没有说过？”她这次没有那么坚定了。

“你老公是做什么工作的？”

“他在政府上班，是个小领导。”

“那你们家有没有这样的情形——有人来找他，他不想见，你接电话的时候，他给你摆摆手，你老公明明在家里沙发上坐着，你说他不在！”

她说：“有。”

“那你们家有没有这样的场景——晚上，有电话找你老公喝酒，你老公明明在卧室，你连问都没有问他，就说他不在？”

“有！”

我说：“恭喜你，你有个非常聪明的女儿！”

她似乎明白了："老师，我大概懂了，但那是善意的谎言，她这个不一样，她竟然偷拿钱，我明明都看见了，她还死不承认……"

我说："在孩子心里，谎话就是谎话！关于偷钱，一会我们再探讨！"

教育是什么？是输入和输出，谁在输入？家长。谁在输出？孩子！我们父母的一言一行，一举一动，一颦一笑，其实都在给孩子做着教育。所以要想培养孩子什么品质，父母就要先有什么品质。有句话说："我们无法给孩子连我们自己都没有的东西。"还有人说："父母是原件，孩子是复印件，家庭是复印机。"如果发现复印件上有错误，错误最有可能产生自哪里？原件本身有问题，或者复印机出现问题都是有可能的。

第二，培养诚实守信的孩子，孩子说实话时应被奖励而不是惩罚。

我的孩子小时候也有过偷偷拿钱的经历。

有一天孩子放学回来，拿着一个崭新的悠悠球，玩得不亦乐乎。

我给儿子点赞："儿子，你在哪方面都这么厉害！"

他受到了鼓励，玩得更起劲了，一边玩一边喊："妈妈快看，妈妈快看！"

我们不断地给孩子鼓掌，玩了好一会儿，他终于停下来了。

我告诉他："儿子，你既然玩这个玩得那么好，妈妈觉得咱应该买个最好的给你，你值得拥有！最好的悠悠球多少钱？"

"300 元！"儿子很兴奋。紧接着，他又有点难为情地说："妈妈，对不起，我偷偷拿了你包里 200 元买了这个球！"

"妈妈欣赏你的诚实！"我为儿子点起双赞！

"你一定是特别喜爱这个悠悠球吧？为自己喜欢的东西不懈追求是多么优秀的品质！为了你这两个优秀品质，妈妈决定要奖励你。走，妈妈奖励你一个最贵的球！"

"妈妈，以后我再也不这么做了，有什么都跟妈妈商量，我知道妈妈都是支持我的！"儿子深情地说。

"儿子，你记住，妈妈这里永远是你的依靠，有什么都可以跟我说的。"

大家知道吗？从这一次之后，我儿子再没有偷偷地拿过钱。

我们父母要知道，一次教育断掉终生惩罚。就像刚才那位妈妈，如果孩子真的说实话，家长能顾及孩子的需要吗？当孩子说实话被惩罚时，孩子就学会了说谎。这是值得我们深思的。

孩子诚实守信的品质从何而来？

“我妈妈从来不会这样”

我妈妈幽默风趣，和蔼可亲，很少发脾气，而且特别重视诚信，不说谎。就像新华书店的这件事，一般的家长可能就会跟孩子解释：“你看看，这不马上就到新华书店了吗？”能像她那样真把电话打过去，郑重其事地说清楚，我觉得非常了不起。因为她不为自己找理由找借口，而是承认，行动，改正，对我又肯定、欣赏，这对一个4岁的孩子来说是很重要的，也奠定了妈妈在我心中的高大形象。

有一次，我和同学约好了周末一起去电影院看电影，他妈妈也答应过了，到了周末，不知为什么他妈妈又不让去了。我很纳闷，人怎么能言而无信呢？

一个孩子之所以能诚信是因为在家里被真诚地对待过，未来他走入社会的时候才能做诚实的人。如果自己的家人都不值得信任，那孩子将是没有安全感的。一个没有安全感的人，是无法做出更大贡献的。

人有两大天花板，第一个就是安全感，像大地，坚实，稳固，可靠，另一个就是价值感，像天空。只有大地足够坚实，我们的建筑才能建更高。所以，要想让孩子有更高远的未来和成就，父母一定要给孩子装入诚信这个品质。

孔子说："人而无信不知其可。"因为诚实守信，大家才有更多的安全感。做食品的企业如果没有诚信，他们的东西我们还敢吃吗？建房子的企业如果没有诚信，那他们建的房子我们还敢住吗？诚信是行走于世间最基本的品质。期待每个人都是诚实守信的人，那样，我们的国家、社会都将变得更加美好。

如何培养孩子尊老爱幼？

成全孩子的孝心，就是对他最大的支持

尊老爱幼，我们父母做好榜样，孩子有样学样，最终会学得一模一样。

儿子 2 岁左右，我妈妈在帮我带孩子，孩子非常孝顺，每次拿到东西，总是先给姥姥吃，每次姥姥都说：“宝贝吃宝贝吃，姥姥不吃！”突然有一次，儿子拿起一颗糖，对姥姥说：“姥姥，你不吃吧？”他似乎没有要给的意思。

我突然发现了一些端倪，马上跟我妈妈说：“宝贝给你糖呢，快接着，谢谢孝顺的好宝贝！”

大家发现了什么？培养孩子的好品质，需要大人的成全。

孩子未经世事，家长怎么引导他就怎么成长。就像我儿子，如果每一次给大人吃东西，大人都要推脱，孩子就认为大人不想吃，既然你都不吃，就没有给你的必要了。这样，孩子就慢慢不会给老人吃了，而孩子大了之后，大人又用道德的标准指责孩子自私，心里只有自己。孩子真的太无辜了。

没有种不好的庄稼，只有不会种庄稼的农夫；没有教不好的孩子，只有不会教的父母。

我就告诉我妈妈这个道理：成全孩子的孝心，就是对孩子最大的支持。所以，从此之后孩子只要拿东西给她吃，她都愉快地接受，接受之后，再对孩子进行夸奖。孩子知道这个行为是被欣赏的，他就会越做越多的。

直到今天，我的孩子不管拿到什么好吃的，总是先给我吃。2016 年我刚从印度回来，正在体验素食，儿子买了个汉堡，递到我面前说："妈，咬一口！"我本能地说："我不吃，正在素食体验中！"没想到儿子坚定地说："吃，必须吃！"

还有一次，饭桌上有刚刚出锅的红烧肉，儿子夹起第一块肉，直接送到我嘴里。我说："不行，我不能吃，要减肥呢！"一说到减肥，我马上起身，想要称一下体重。

儿子马上说："妈妈，妈妈，等一下！"他也起身，来到了我的身后，搂着我的腰，一边往上提，一边说："看看，这数字，多轻呀，来吧，吃肉吧！"

我心里特别感动，说：“我儿子怎么这么孝顺？这么照顾我的心情，是怕我看到秤上的数字难过吧？”

我儿子幽幽地说：“我是怕秤爆掉喽！”说完哈哈大笑。

有个有情感、懂幽默的孩子太幸福了，不是吗？

多子女家庭父母如何调节孩子间的关系?

爱好老大，老大才有爱给小的

很多家长问我:“孩子们老是争东西,老是打架,该怎么办?”

我们家也有三个孩子，分别是我儿子和我妹妹的两个孩子。他们虽然不是亲兄弟，但年龄相差不大，一起跟着我爸爸妈妈生活，经常会出现争东西、打架的情况。

当几个孩子争抢玩具的时候，通常小的孩子抢不过大的孩子，就会哭或者向大人告状。

这个时候，家长站出来调解或者评断，会批评大的孩子:“你是哥哥，让给妹妹。”

哥哥说：“凭什么？”

家长说：“你是大的，她是小的！”

大的孩子很委屈，据理力争："玩具是我的，不给！"

通常家长就会批评大孩子："你怎么这么不懂事？什么是你的？玩具是我买的，连你都是我生的，给她！"甚至一把把玩具夺过来，递给小的孩子玩。

小的孩子笑了，大的孩子哭了。

过了不一会儿，小的也哭了。因为就在大人转身之后，大的不但会夺回玩具，还会再给小的一巴掌："让你抢我的东西，拿来！"

这在多子女家庭里是很常见的情形。

其实这样的做法是错误的。当孩子之间发生争执的时候，我们的家长通常扮演了法官和警察的角色，这样不但剥夺了孩子们自己处理问题、处理冲突的能力，而且还挑拨了兄弟姐妹之间的关系，不知不觉伤害了大的孩子，又纵容了小的孩子。

我们的传统文化中讲"长幼有序"，当两个孩子争抢东西时，正确的做法是让他们自己解决冲突，如果要参与，一定要先维护好大的孩子，大的孩子才有爱给小的孩子。

在我们家，小的孩子来告状说："哥哥不给我玩具。"大人会说："你想玩哥哥的玩具就要跟哥哥商量，哥哥同意了才可以。"既尊重了老大，又教会老小解决问题的方法。

这个时候小的会走到老大这里说："哥哥，我可不可以玩一会儿这个玩具？”老大感受到了被尊重，一般就会把玩具给小的玩。因为小孩子有时候争抢的不是玩具，而是家长的爱。

如果大的不愿意给，大人也要用商量的口气跟大的说：“你的玩具可不可以借给弟弟妹妹玩一会儿？”

如果大的实在不愿意借，我们会跟小的说：“那是哥哥的东西，他有权决定。你可不可以先玩别的？或者拿你的什么东西跟哥哥交换？”

这样不断地教给孩子和同伴们相处的方法。

第三章

树立独立人格

……

孩子要求自己上学怎么办?

允许并做好全面的功课

我儿子的第一次自立要从4岁说起，当时他刚上幼儿园中班，他对我说：“妈妈，我特别喜欢我放学回来一敲门你给我开门的感觉！所以我要自己上学，放学自己回来！”看着这么小的小人儿要求自立，我真的很感动，跟他确认了：“真的要自己上学吗？”他狠狠地点了点头。

“好，儿子长大了，能自立了，妈妈真为你高兴！但妈妈想交代你几句话，能记住吗？”

“能！”儿子高兴地答应了。

“一是走路要靠右边走，过马路的时候要左右看看，注意车辆；二是路上要是有人跟你说要带你去什么地方，千万不能跟别人走，要知道你是去上学，学校的位置你知道在哪儿；三是要是有人硬把你抱走，你就大声地呼喊‘救命’！四是妈妈的名字和电话你都记住了吗？”

“我记住了，妈妈！”儿子有点兴奋地答道。

“好了，如果上面妈妈说的四条你全部记住了的话，跟我重复一遍刚才的这些要求！”

儿子真的重复了一遍，无误。

“好，那就从今天开始试一下，好不好？”

“好！”儿子几乎高兴得要跳起来！

我们的幼儿园就在我们的小区内，我们住在东院，幼儿园在西院，相隔大概不到1000米的距离，但要穿过整个小区，小路曲曲折折的，需要孩子有较强的记忆力。

毕竟孩子是第一次独自上学，还这么小，我还是不放心，做了全面的功课：先是跟他的幼儿园老师打好招呼，让她看到孩子自己进学校的时候要给他一个大大的拥抱，并称赞、欣赏他的勇敢；二是给孩子做了清晰的交代并确认孩子都能记得住；三是我专门请了假，不去上班，至少要偷偷陪伴孩子上学一周的时间。

这一天，孩子很兴奋，早早就起了床，穿好自己的小校服，自己洗脸刷牙，一切收拾停当，临出门时开心地跟我打招呼：“妈妈再见，我去上学啦！”

“好的，儿子，学习愉快！”

“好的，妈妈！你等我放学回来！”

说完儿子就自己下了楼。过了一会儿我偷偷地跟在他后面，我看儿子时时记住我的第一条交代，我嘱咐他要靠右走，他竟然就走在最右边的草丛里！过十字路口的时候，他前后左右地看了好久，大约好几分钟的样子，一直到确认没车了才过去。

我一路偷偷地跟到学校，看着他进了幼儿园，看着他的老师给他一个大大的拥抱，看着他的老师似乎还在向外张望，好像看到了我，跟我稍微示意一下，我才放心。当时我心中涌起一阵感动，有种幸福感，觉得我的儿子太棒了，又有一种莫名其妙的失落感，好像儿子从此就能展翅飞向别的地方，不需要再依靠我了。想到这些，我一时五味杂陈，不知不觉眼泪竟然流了出来。

下午放学的时候，我还是第一个到达学校门口的，只不过找了一个稍微隐蔽的地方，跟他老师示意好后，看到儿子自己出来了。小小的孩子自己一个人，很警觉又似乎毫不迟疑，大踏步地往家的方向走去。我偷偷地跟在他后面，看着孩子还是按照我的交代走，我一看孩子过了家附近的路口，再转一个路口就该上楼了。我马上从楼房的另一边匆匆地跑了上去，赶快开门进屋，气喘吁吁地坐在沙发上，做了几个深呼吸放松，静静地等待儿子的敲门。果然，我刚到家一会儿，还在大喘气，就听到了“砰砰砰”的敲门声音。

“谁呀？”我故意问道。

“妈妈，是我，你的儿子放学回来了！”儿子有点兴奋地说。

我急忙打开门，张开了双臂，蹲了下来。儿子趁势扑进了我的怀里。我紧紧地抱着儿子说：“儿子，是你呀！你太棒了，第一次自己上学、放学，而且这么准时地回来了。你真棒，妈妈太为你高兴了！”

儿子双手死死地搂住我的脖子，嘴里“咯咯”不停地笑着。即使他第一次自我表现如此完美，估计也还有些小小的胆怯。

就这样，我们娘俩捉迷藏似的上了一周的学。周五那一天，我还是早早地去了幼儿园，打算偷偷地接他。正当我找得正起劲的时候，突然发现了孩子正死死地看着我，满脸委屈，满含泪水。我心疼极了，以为是孩子因为看到别的爸爸妈妈来接，自己没人接而心里难受，就赶快去抱他，没想到儿子却说：“妈妈你骗人，不是不让你来接我的吗？我要自己回去！”看来孩子很享受自立的体验，而我破坏了他的美好的感觉。我只好说：“妈妈正好来这里办事，所以就顺路来了！”孩子还是很坚决地说：“你先回家，我一会再回去，你给我开门！”

体验自立有什么好处？

在尝试中一次次获得自信和能力

我对这个经历还是记忆很深刻的。那时我只有 4 岁，第一次独自一个人去面对外面的世界，这让我既憧憬又有点紧张。

第一次一个人出门，我心里默默地念着妈妈交代我的话：一定要靠边上走，左右要看，注意车辆，还有不要跟别人走，如果有人抢小孩一定要大声地呼救。

不过，当我第一天顺利到达幼儿园的时候，我内心充满了自豪感，觉得自己好了不起。我是我们班第一个独自上幼儿园的孩子！

当我安全地一个人回到家喊妈妈开门的时候，我的自豪感达到了从来没有的高峰。听到妈妈热情的回应，我的心简直要跳出来了。当妈妈打开门，我扑进她怀里的那一刻，我是天底下最幸福、最能干的孩子。

小孩子就是这样的，他们像小鹰一般戳破蛋壳出来，不断地扩大自己的边界，不断地扩大自己的疆域和视野，也从不断走得更远的尝试中获得自信和能力。这个体验过程实在是太美妙了，我一遍又一遍地经历着“我能行”“我能干”的狂喜。这是超强的自我效能感的高峰体验。这样的体验多了，胆子就会越练越大，自信也越来越多。

过不了多久，我就不仅仅满足于自己上下学了，我竟然要求住校了！也许我不是最小的住校生，但我是最小的自愿要去住校的学生。当然，得以实现我的意愿的前提条件是：我有一个无条件支持我的妈妈。

孩子质疑老师怎么办？

激发了孩子的斗志

儿子刚学物理时，对任何事都抱有强烈的好奇心。他对任何事都喜欢刨根问底，要亲自验证才能信服。比如他们学习的一些物理定理或定律，他一定要知其然还要知其所以然，要自己把这个公式推算出来才算结束。我说："不必，公式和定理你只管拿来就用即可。"儿子说："那要是他们弄错了呢？"什么样的权威都敢质疑！这不就是我们要培养的新世纪的具有创新精神的中国新一代吗？

一次期中数学考试，试卷最后一道题，他怎么推算都觉得是错的，就找到数学老师，提出这个题出错了，数学老师笑笑说："你好好想一下！"他又仔细地推一遍，还是错误的结论。这时他找到了年级数学组长来反映这个问题，组长也笑着说："你再好好想想！"我儿子非常自信，把推导过程一写，最后写上"此题出错"。当儿子跟我说这一段经历的时候，我心里惴惴不安。过了一周，家长们都收到了一条短信："由于题目出错，本次考试总分为90分，抱歉！"我就知道是儿子胜利了！儿子回来后我给了他一个大大的赞，认为儿子不但知识牢固，而且能坚持自己的见解，不受权威的影响，这一点特别难能可贵！儿子也很高兴，说连老师都没看出来。

又有一次，是化学考试，老师在改卷的时候严格按照标准答案，说少了那两个字就算错，儿子描述的也是那个意思，但就没写那两个字，按照标准，他自然就没能得到分。儿子放学回来跟我说起此事，还是愤愤不平。我看儿子情绪很大，就开导他说："你要考虑出题人的心思，考虑他是在考你什么内容，你的灵活性欠缺些，不过这也是人之常情！""那难道我就要向他们屈服吗？"儿子满脸倔强和不忿。"你知道《易经》里的一句话吗？只有懂得潜龙勿用的人才有飞龙在天的机会！"儿子马上领悟了："我要么跳出应试教育的圈子，要么到时候我成了领导来改革教育！这么说西安交大少年班我是志在必得！"没想到我的那一句话激发了他的斗志，他竟然想出解决方案了，悟性好高的孩子！这也是他考少年班的动力之一。

为什么要让孩子做家务？

爱做家务的孩子跟不爱做家务的孩子相比，成绩优秀了27倍！

哈佛大学有一项长达20年的研究的结果显示：爱做家务的孩子跟不爱做家务的孩子相比，成年后就业率为15∶1，收入前者比后者高20%，而且婚姻更幸福。不爱做家务的孩子往往离婚率更高，患心理疾病的概率也比较高。做家务不仅能提高身体协调能力，更能让人在心理上得到满足，产生自我控制的效能感，增加“我很能干”的自信感！

中国教育科学研究院也做了类似的调查，结果表明：爱做家务的孩子跟不爱做家务的孩子相比，成绩优秀了27倍！

苏霍姆林斯基曾经说过，人在自己的劳动中创造自己并理解劳动的美。

从科学成长规律的角度来说，经常参与做家务的孩子，不仅可以增强身体协调能力、生活自理能力，还会让孩子更有责任感。

艾瑞克森提出，孩子从一岁半开始，就有了独立自主要求，父母要允许孩子做自己力所能及的事并给予鼓励，孩子能从中获得自主感。当然，这个时候的独立自主可能更多是他自己穿衣服吃饭等，不过，也可以帮家长做一下他想做的事，尽管孩子可能做得不那么好，甚至更糟，家长也一定要有耐心陪伴孩子的成长。

做家务能让孩子收获什么呢？

一是成就感。

成就感能让人内心感到愉悦，对培养人的自信心有积极的作用。当孩子会做或做好了一件家务事，孩子内心就会产生成就感，并会产生积极的心理暗示：我能行。

二是责任心。

简单重复的劳动虽然不会总能点燃孩子内心的成就感，但是对于培养孩子的责任心大有裨益。

三是感恩的心。

一般来说，懂得感恩的人生活会更幸福。相反，认为别人的付出都是理所当然的人则会逐渐失去幸福生活的能力。当孩子做家务时，孩子会从亲身经历中体会到父母的不容易，感恩之心油然而生。做家务就是给孩子机会来经历真实生活，这种教育胜过千言万语。

四是解决问题的能力。

孩子在最初做家务的时候，难免会有做不好或者不会做的情况，妈妈要耐心地给予指导。经过反复练习，孩子便会熟练掌握方法。在这个过程中，孩子也在分析如何把事情做好，从而提升解决问题的能力。

孩子适合做什么家务？

美国育儿专家伊丽莎白·潘特丽针对不同年龄段孩子的特点设计了一份《儿童学做家务事年龄表》。她指出，做家务是孩子建立自信的一种方式，并能帮他们培养良好的生活习惯。

这份《儿童学做家务事年龄表》上列着，9—24个月：可以给孩子一些简单易行的指示，比如让宝宝自己把脏的尿布扔到垃圾箱里等；2—3岁：可以在家长的指导下把垃圾扔进垃圾箱，或当家长请求帮助时帮忙拿取东西如帮妈妈把衣服挂上衣架，会使用马桶，刷牙，浇花，晚上睡前整理自己的玩具；3—4岁：除了以上技能外，还要喂宠物，到大门口取回地上的报纸，睡前帮妈妈铺床，饭后自己把碗盘放到厨房水池里，并帮助妈妈把叠好的干净衣服放回衣柜，把自己的脏衣服放到装脏衣服的篮子里；4—5岁：则要学会准备餐桌，饭后把脏的餐具放回厨房，准备自己第二天要穿的衣服；5—6岁：自己准备第二天去幼儿园要用的书包和要穿的鞋，并且学会收拾房间的技能；7—12岁：需要学会做简单的饭，帮忙洗车、擦地，清理洗手间，扫树叶，扫雪，会用洗衣机；13岁以上：换灯泡，换吸尘器里的垃圾袋，清理冰箱、灶台，修剪草坪等繁杂的家务。

父母一定要根据孩子的年龄给他们分配家务。一般给孩子布置劳动任务要掌握适量的原则，做到让孩子一不紧张、二不疲劳、三不厌烦，如果任务太重，孩子可能难以坚持。

孩子作业为谁做？

“我的作业就是给你签字”

上小学第一天，我妈妈就很有仪式感地跟我说：“儿子，恭喜你，成为一名小学生啦！”我很开心，好像一下子长大了一般。妈妈又接着说：“我的儿子长大啦，妈妈相信你可以自己管好自己的事情！作业是你和老师之间的事情，妈妈就不插手啦，我的作业就是给你签字，我们各自都做好自己的事情就可以了！”

我后来才知道我有多幸运，很多孩子都因为作业问题被妈妈死盯着，日子过得相当不开心，甚至可以说是相当艰难，因为有时候会因为作业问题被骂、被打。但我的日子就过得相当开心，特别是签字，非常简单，通常我妈妈不在家会由姥爷代签，如果我妈妈在家，就更简单，我让她签哪里她就签哪里。而且我妈妈还会盲签，就是她会闭着眼睛签字，只要我说：“妈妈，该你签字啦！”她会拿起笔，闭着眼睛说：“好的儿子，签哪里？”我就会拿着她的手放在我的作业本上，妈妈大笔一挥，龙飞凤舞，签字搞定。

孩子磨蹭怎么办？

“是你上学还是我上学？”

家长有没有感觉自己的孩子做事总是磨磨蹭蹭的，一点也不着急？特别是早上起床和吃早餐的时候，明明马上就要迟到了，孩子却还不慌不忙的。

我原来也是比孩子还急，后来发现急没用。我总结的经验是孩子自己的事情让他自己做主，并告知他承担相应的责任。

有一天早上起床，儿子噘着嘴满脸不高兴地说：“妈妈，我不去上学了，你看，都是你叫我晚了，我都迟到了！”

明明是叫了好几遍，他都不起，他却把责任都推到我身上。我知道，原先我忙于工作，他的起居生活都是我父母在管，老人很容易包办代替，所以孩子不知不觉养成依赖他人的习惯。

我决心要帮助孩子改掉这个坏习惯，让他学会对自己的事情负起责任。

面对儿子有些抱怨的神情，我温和而平静地说：“儿子，你真的确定今天早上不去上学了吗？如果你确定不去，妈妈就去忙自己的事了！”说完，我放下了原本已经拿起的包包，又重新拿起了扫把，不慌不忙地扫起地来。

我听说，我不在家的时候，他只要一这么说，姥姥就很着急，不断地哄着他让他去上学，甚至他还会趁机提出一些过分的条件。儿子看了我一会儿，发现我好像真的安心在扫地，他急了，大声地对着我说：“妈妈，本来我都要迟到了，你还不快点？”他反过来催我了！

听到孩子这么说，我马上放下扫把，拿起包包，愉快地对孩子说：“好的，儿子！”是他求我快点，不是我们催着孩子孩子还像没事似的，他还生气：“你那么着急干吗，是你上学还是我上学？”这感觉好极了。

就这样，我俩飞奔下楼，开上车就走，为了赶时间，我几乎一路狂奔，等走到一个十字路口的时候，黄灯在闪烁，眼看马上就要变成红灯了，我一脚油门冲了过去。我儿子在后面坐着被闪了一下，好险。

惊魂未定，儿子开始给我上课了：“妈妈，如果我迟到了，大不了就是违纪，你这么开车，很可能违法，况且还有安全风险，甚至生命危险，妈妈，不要开这么快！”

“儿子，妈妈就是看快要迟到了，给你赶时间，儿子批评得对，安全最重要！儿子，怎么样才能让我们更从容不迫，不那么着急呢？”

“妈妈，我以后早起 5 分钟！”

“你太厉害了儿子，马上找到了解决方案！妈妈决定给你一次帮助。你定好闹钟，提前 10 分钟的，如果闹铃一响你能起来，那就太好了，如果你起不来，到还剩 5 分钟的时候我叫你一次，只叫一次！”

从此之后，儿子自己上学的时间自己管理，自己掌控，好像再也没有迟到过。

要让孩子经历，让孩子体验，让孩子学会自己管理自己，更重要的是让孩子学会为自己的事情负责，而不去依赖别人、抱怨别人，也就是要教会孩子为自己的人生负责，因为我们终将离他而去。

如何正确对待手机？

手机是工具，而不是玩具

生活在今天这个时代，谁也躲避不了互联网，特别是男孩子，互联网上的游戏是每个男孩子无法回避的。我们不能把孩子封闭起来，不跟外界接触。不打游戏的男孩子没有朋友，别的孩子都在讨论最新的游戏，我们的孩子像个傻子似的什么都不知道，这样好吗？

我的儿子就经常打游戏，打游戏是开发脑力的方式之一。在西安交大的计算机考试中，爱打游戏的男孩子手速都很快，也都在上机操作中取得了很好的成绩。

在孩子玩游戏的过程中，我也曾经规定游戏时间，但每次孩子都不会到点就结束，总是要超时。有一次，我看儿子玩的时间太长了，就跟他说："是你玩游戏，不要让游戏玩了你！"

没想到这句话起了很大的作用，孩子过了一会儿就离开了电脑了，还说："当然是我玩它！我不能受它的支配！"

同样的内容用不同的说法表达出来会产生截然不同的效果。这就是语言的魅力。

后来我学了心理学和灵修后，才知道原来每个字每个符号都带有能量，就看我们父母有没有那个能力把它发挥到极致。

有太多的父母焦虑孩子玩手机游戏的问题。家长担忧最多的两件事，一个是孩子不爱学习，另一个就是孩子太爱玩手机，很多家长会认为就是因为手机孩子才不爱学习。

其实，我们有些父母对手机是有恐惧的。为什么有恐惧？是因为没有底。第一，你对手机知之甚少，孩子一拿手机你就有失控的感觉；第二，你对孩子知之甚少，你不相信孩子可以做到自控；第三，你也从未给孩子做过自控的训练。

我儿子曾让我把他的手机收走，我相信很多家长都收过孩子的手机。很多的家长说："我巴不得把他的手机给收回来呢，可惜很难收回来。"

现在为什么有那么多的孩子爱玩手机？是因为家长启动了弹簧效应，就是你压制得越紧，反弹就越大，最终因为手机发生亲子冲突甚至酿成悲剧。

我曾在将去某个城市讲课的前一周内，连续听到两则孩子因为手机的问题而跳楼的消息，一个孩子当场死亡，一个孩子变成了植物人。这两则消息对我的冲击真的很大。我呼吁所有的父母，不要被表面现象迷惑，要找到事物的本质，才能从根本上解决问题。

那该如何正确对待手机呢？

第一，家长和孩子要有正确的手机观。就像交通工具从马车发展到汽车、高铁一样，手机也是时代发展的产物，是科技的进步，它只是一个工具，我们要学习的是如何更好地使用这个工具，让它发挥最大的功用和价值，而不是一味地抗拒它，恐惧它，控制它。

如果我们家长有这样的认知，也会把这个观念传递给孩子，即手机是工具，而不是玩具。手机带给我们很多便利，比如上网课、网上购物、打车等。

就像天气，既有阳光温暖的时候，也有凄风苦雨的时候。我们要做的不是不让风雨来，而是知道风雨来了的时候怎么样才能保护好自己。

在使用手机这个问题上，我们父母要做的也不是逃避，而是教会孩子正确使用手机。有个学员跟我说过她的孩子的故事，她说，她把孩子送到了传统国学的私塾里，孩子在 10 岁之前从来没用过手机，当孩子进入常规学校里学习的时候，孩子突然对手机无比渴望，给他的早餐钱他都偷偷地攒下来买了一个二手的手机，后来她把这个手机收掉之后，孩子竟然又偷偷地攒钱从手机店里租了一个手机。家长苦恼不已，又采取更严格的监管措施，差点酿成悲剧。这个家长最后悲愤地说："是手机把我娃害成这个样子，为什么要发明手机？"

萨提亚女士说："问题本身不是问题，怎么对待问题才是最大的问题。"

第二，不是要控制孩子玩手机，而是要教会孩子学会控制手机，从而学会自己控制自己。我们没有办法让孩子回到没有手机的时代，家长一味地堵没有用。

我儿子让我收手机的时候，我坚决拒绝了，并告诉孩子："我相信你可以自己控制好手机！"说完我就出去了，等了大约半个小时，我又进去，跟儿子说："儿子，你是如何控制住手机的？"

儿子告诉我："我发现了一个秘密，如果密码连续输错三次，手机就自动锁屏一小时！"

我为儿子拍手叫好，伸出大拇指点赞："儿子，了不起，世界上最大的敌人是自己，能战胜自己的人终将战胜所有困扰！"

我们来回顾一下我当时的语言模式。我一进屋说的是："你是如何控制住手机的？"很多家长可能一进去会问："你控制住手机了没？你玩了没有？”你仔细想想，这是不一样的。记住一句话：信任的力量是无穷的，相信信任的力量。

有的家长说：“他都做不到，让我如何相信他呢？”

记住，不是他做到了，你才相信，而是你相信了，他才能做到。如果你相信他了，他还没有做到，那就继续相信他，直到他做到。

第三，要懂得教育孩子时的因果关系。在教育孩子的关系中，家长是因，孩子是果，同样一件事情，家长用不同的模式教育，就会带给孩子不一样的结果。这结果跟孩子无关，跟家长有关，而且家长是百分之百的责任。

智者重因，愚者重果。如果我们有这种思维，孩子的命运就将不一样。

说到底，所有外在的问题都跟孩子的内在有关系，孩子外在的偏差行为都跟他内在的缺失有关系。如果一个孩子内在的自我是强大的，是丰盛的，就很难被外在的诱惑牵引。家长一定要知道，手机的问题不是问题，要想处理好手机与学习的矛盾，跟你是否给孩子足够的爱、信任感、价值感有关系，如果孩子得到了这些，他就能做到自信、自律。

家长如何引导孩子正确使用手机?

如果这个小小的诱惑都抵御不住，还能成什么大事呢?

家长越防范手机，孩子越痴迷于此，这就是弹簧效应：受到外界的压力越大，反弹就越激烈。

我感谢我的父母对我的教育是宽松的，在手机这件事上从没给过我压迫。

我记得我最早的一部手机，是我小学三年级时爸爸送我的生日礼物。我那个时候的手机还没有现在的上网功能，只有打电话、发短信之类的简单功能。

我的第二部手机是我初中的时候我爸爸送我的生日礼物，我的第三部手机是我去天津上学的时候，爸爸直接把他用的手机给我了，这部手机我用了5年，最后实在不能用了才不得已淘汰了。

因为我从来不缺少手机，所以对这个东西也没有那么渴望。

我也玩游戏，那是同学之间交流的谈资。当然，我也有控制不住自己的时候。

有一次，我在我的房间里写作业，手机 QQ 时不时弹跳出来的信息框，让我无法集中注意力，总忍不住去摸一下手机。实在控制不了的时候，我叫妈妈帮忙：“妈妈，赶快把我的手机拿走吧，我总是忍不住想去摸它！”

没想到我妈妈走进我的房间，对我说：“儿子，我不会拿走你的手机，因为我不能一辈子跟着你收手机，我相信你自己一定会控制好的。如果这个小小的诱惑都抵御不住，还能成什么大事呢？”说完，她径直走出了我的房间，关上了房门。

我愣在那里，感觉我妈妈果真不是一般的妈，我同学的妈妈都巴不得把孩子的手机收掉。

我仔细品味着妈妈的这番话，是啊，这么小的诱惑我都控制不住吗？不会的，我一定可以的。

果真，我做到了！当我能做到控制自己、战胜自己的时候，我那一刻感觉好极了，好像我变得无比强大，没有什么是我做不到的。

“自强者胜，自胜者强！”能战胜自己的人才是真正的强者。

孩子要留长发怎么办？

把我的想法变成孩子内心的决定

有一天，我儿子跟我说："妈妈，我想要留长发！"

作为父母，你的十五六岁的孩子跟你说这个，你会是什么样的反应？一般的父母都会制止，还会讲一大堆看似有道理却没有什么用的话批评孩子，最终的结果是和孩子不欢而散，孩子该留长发还是留长发。

还好我不是一般的，我是"二班"的。当我听到儿子这么说时，我心里有些担忧，但表面波澜不惊，甚至还故作兴奋地说："好啊，儿子，妈妈也很想欣赏一下你长发飘飘的样子！不过，妈妈想给你一个温馨提醒，不是所有人都有妈妈这样的高级审美，你要做好被人指指点点的心理准备！不管别人怎么说你，你都不要受伤！”

我这么说，先是照顾到了青春期孩子的心理特点，青春期的孩子要自己做主，我尊重了他，没有对抗，还欣赏了他。

林青贤院长说：“大孩子，特别是超过15岁的孩子，主要受心理能量的影响，要影响大孩子，必须要有一个能力，就是开心门的能力，先要走进孩子的心里去，才能有机会引领他、引导他。”当我说了前面那些话之后，我就进入到了孩子的心里，所以再说后面的温馨提醒的时候，他就很容易听进去。

儿子没有说什么，似乎陷入了沉思。

过几天，他把头发理成了寸头，我问他：“为何又理短了？不是说要留长发吗？”

他说：“我想了想，决定还是不要成为别人议论的焦点。”

我知道我的意见他听了进去，我终于松了一口气。

林青贤院长说：“我们父母应该提升我们的智慧，怎么样把我的想法变成孩子内心的决定？”

当我听到儿子这么说，还想再点拨他一下，就说：“如果活在别人的眼里，就容易死在别人的嘴里。儿子，做你自己，内在无比坚定的自己。”

父母的语言就是风向标，言教也是一项大学问。父母说什么话就会把孩子带向什么样的人生方向。

你想培养一个听话的孩子吗?

听话是个伪命题

很多父母问得最多的问题好像就是：“老师，我的孩子不听话怎么办？”

我通常会问他们两个问题——

第一个问题：“你能确保你的话都是正确的吗？”

“那不能！”

“既然不能保证你的话都是正确的，为什么还要执着于让孩子听你的话呢？”

第二个问题：“你希望你的孩子过跟你一样的生活，还是希望孩子比你过得更好一些？”

“我当然希望我的孩子比我更好了！”

“那如果孩子老听你的话，他最多也就活得和你一样了，又怎么样更好呢？”

听完我的这些话，他们通常都会陷入沉思。

听话是个伪命题。

我也曾经要求孩子要听话。大概是儿子四五岁的时候，有一天孩子姥姥跟我儿子说：“不听老人言，吃亏在眼前！”

我儿子突然问我：“妈妈，这句话是谁说的？”

我一时语塞，答不上来。

“妈妈，我问你，人是不是不断进化的？”

我说：“是的。”

“是不是一代更比一代强？”

我说：“是的。”

“是不是就像计算机一样，二代比一代更先进？”

我说：“是的。”

“我是不是你生的？”

我说：“是的。”

“如果我老听你的话，是不是就像计算机二代安装上一代的程序一样，可能就要死机？”

我说：“是的。”

“那你们为什么还老让我听你们的话？‘不听老人言，吃亏在眼前’这句话应该改改。”

“怎么改？”

“应该改成‘不听儿子言，吃亏在眼前；不听老人言，先进好几年’！”

从此，我们家再也不要求孩子一定要听我们的话，而且还让他参与家里大大小小的事务。

现在的小孩子天生就是哲学家，只要你留意、用心，就能发现孩子说的话很厉害，其中还蕴藏着不少哲理呢！

如何培养孩子思考力？

从不要他听话开始，从听他的话开始

我的妈妈是特别开明又有智慧的母亲，她在我小时候给我很多鼓励和认可，让我有机会开动我的大脑并开始思考。

拥有思考力对一个孩子来讲非常重要，但现在大部分父母都要求孩子听话，这其实剥夺了孩子思考的机会。现在听父母的，长大听领导的，结了婚听伴侣的，这该是多么没有自己的想法的生活，我认为这样的人生是悲哀的。

我妈妈不仅给我机会锻炼我的思考能力，而且特别尊重我，欣赏我，给我很多自信。每一次我提出不同的想法的时候，都能得到她的积极回应："我儿子怎么这么有创造力呢？妈妈都没有想到！""这小脑袋里面装的都是智慧啊！"每每听到她这么说的时候，我内心的价值感、成就感就满满的。很多孩子越长大越没有自信，这跟父母在他小时候对他的认可和欣赏不足有关。

要想培养更有创造力、更有思想的孩子，从不要他听话开始，从听他的话开始。

我们到底要培养怎样的孩子？

主动的人掌控自己的人生

学习上瘾的孩子享受的是知识带来的快乐，这是天然的快乐，是好奇心得到满足的快乐，是对这个世界了解更多的快乐，这种快乐不是单一性质的快乐，而是一种内部的评价体系。学习上瘾的孩子往往非常独立，知道是自己在掌控自己的局面，不会轻易为别人所动，这样的孩子长大以后会更独立，更有创造力。

考试上瘾的孩子的快乐掌控在别人的手里，他们所追求的不是知识带来的天然快乐，而是家长、老师等外人的奖励和认可，是外部评价系统。这样的孩子的喜怒哀乐都掌握在外人手里，他们活在别人的眼里，就容易死在别人的嘴里。他们的人生是被动的，很容易失去自我，很容易出现问题。

考试上瘾的孩子甚至比游戏上瘾更危险，严重的可能有人格障碍。

北大曾经有个学生，考试上瘾，有一次，他的数学考砸了，一时间接受不了，结果精神分裂，半夜光着屁股跑出来，大声地喊："我是北大的，我是北大的。"他之所以发疯，是因为他的精神支柱——得到好成绩被认可——塌了。

我们到底要培养什么孩子呢？当然是学习上瘾的积极主动的孩子！

积极主动，是一个孩子自动自发自主的行为，是孩子走向成功的基石。我很庆幸，因为我的勇于担当，给孩子的内心种下了这样一颗美好的种子。

积极主动（Pro-active）这个词最早由著名心理学家维克托·弗兰克推介给大众。维克托·弗兰克原本是一位受弗洛伊德心理学派影响颇深的决定论心理学家，但是，他在纳粹集中营里经历了一段凄惨的岁月后，开创出了独具一格的心理学流派。

弗兰克的父母、妻子、兄弟都死于纳粹魔掌，而他本人则在纳粹集中营里受到严刑拷打。有一天，他赤身独处于囚室之中，突然意识到了一种全新的感受——也许，正是集中营里的恶劣环境让他猛然警醒："在任何极端的环境里，人们总会拥有一种最后的自由，那就是选择自己的态度的自由。”也就是说，在一个人极端痛苦无助的时候，他依然可以自行决定他的人生态度。

在最为艰苦的岁月里，弗兰克选择了积极向上的态度。他没有悲观绝望，反而在脑海中设想自己获释以后该如何站在讲台上，把这一段痛苦的经历介绍给自己的学生。凭着这种积极、乐观的思维方式，他在狱中不断磨炼自己的意志，直到自己的心灵超越了牢笼的禁锢，在自由的天地里任意驰骋。

弗兰克在狱中发现的思维准则，正是我们每一个追求成功的人所必须具有的人生态度——积极主动。

我儿子从小就是一个特别积极主动的人。他很小的时候，只要出门，就会帮我提包包，买了东西回来，一定是他积极主动帮着拎回来。

上了幼儿园之后，他就积极主动地回来给我们讲故事。

上了小学，他积极主动地创办各种组织，跟他的同学一起去实践，去尝试。

到初中，他积极主动地帮助同学进步，他也在教别人的过程中进步得飞快，因为教学相长。

到了大学，他积极主动地帮助同学处理一些心理问题。

在出国之前，他还积极主动地组织同学们观看《钱学森》，向老前辈学习爱国精神，希望能学成回国报效祖国。

可以说他一路的成长、成就，都跟积极主动的品质有关。

积极的人就有乐观精神，主动的人掌控自己的人生。

如何培养孩子自动自发主动学习？

让他们可以坚持自己的意志

我遇到太多家长抱怨：“我孩子学习一点主动性都没有，我催促他，催得多了还会爆发亲子大战，可孩子的自主学习能力实在是太差了，老师，您是如何让文禾自动自发主动学习的呢？”

想培养一个有自主性的孩子，你不但要在孩子的0—3岁阶段为他建构好自我，给他足够的自信，更需要在孩子3—6岁的阶段完成和孩子的分离。

什么是分离？就是当孩子的意志和父母的意志发生矛盾时，孩子选择自己的意志。如果父母一味要求孩子听话，那孩子选择了以父母的意志为准，他就变成了忠诚于你的人，他就失去了自我。一个连自我都没有的人，如何谈自主?

现在的父母有一个普遍现象，就是期待孩子“听话”。不要试图培养一个“听话”的孩子。首先，听话是一个伪命题。听话的孩子是失去自我的，一个失去自我的孩子长大以后更谈不上自主。一个能自主的孩子可以自主地表达自己的生命力，从而能持之以恒地表现自己的生命力，这就是意志。这样的孩子就很有活力，很有主见，很有创造力。

如果我们深爱着孩子，最好的方式就是做孩子的容器，鼓励、支持他们用自己的方式展开自己独特的生命，让他们充分体验到他们的动力可以展开在这个世界上，让他们可以坚持自己的意志。

我从儿子小时候就特别注重培养他的独立自主能力。

儿子 2 岁左右，我们第一次带他到饭店吃饭，我告诉儿子：“宝贝，今天点菜的任务就交给你了，你想点什么都可以。”

儿子可开心了，拿着菜谱认真地看了起来，虽然那个时候他还不认得太多字。

到今天我仍然清晰地记得我儿子第一次点菜的菜名——“虎皮辣椒”“狮子头”“蚂蚁上树”“松鼠鱼”，都和动物有关。

一方面是儿子识字量还没有那么多，可能其他菜名他不认识，另一方面是儿子有着强烈的好奇心，要尝尝老虎的皮、狮子的头，想知道蚂蚁如何上树，松鼠和鱼又是如何在一起的。

如果是你的孩子点了这些菜，你会不会换？

我想有部分家长可能会根据食物的荤素搭配、营养均衡等做出调整，从看似无比正确的角度做正确的选择，却不知不觉破坏了孩子的自主性。

如何毁掉一个有主见的孩子？从要求他有想法又否定他的想法开始。

台湾教育学者李崇建在 TED 演讲时曾讲过这样一个例子：

一对母女，妈妈问小女孩：“中午想吃什么？”

孩子下意识地回答道：“不知道！”

妈妈说：“不要说不知道，你说了妈妈就带你去吃，什么都可以！”

小女孩非常开心，跟妈妈确认：“妈妈，真的什么都可以吗？”

妈妈说：“是的，都可以。”

于是孩子开始努力思考：“嗯……嗯……”想了好久。

妈妈在旁边催促：“叫你自己想就想不到了，赶快呀！”

后来，女孩终于有了答案：“我想到了，我想吃盐酥鸡。”

妈妈眉头皱起来：“宝贝，妈妈跟你说很多次了，盐酥鸡很油，不健康，换一个。”

女孩听话了，又开始想，想了很久以后说：“我想吃布丁。”

妈妈生气了，说：“没告诉你中午要吃正餐吗！”

这样的场景是不是很熟悉呢?

培养“主见”，要从娃娃抓起，让孩子从小锻炼自己做选择和决策的能力。发展心理学家埃里克森认为，1—3岁这一阶段，是孩子发展自主感的关键期。能够顺利、出色地度过这个阶段的孩子，会相信自己，相信自己的能力。

对于孩子来说，这是一个里程碑。

他们开始意识到自己可以做一些事情，并且态度坚定。他们会开始拥有自己的喜好和偏爱，有自己喜欢的颜色、形象和食物。他们会在做选择的时候考虑社交因素，会因为父母或者好朋友的原因做出选择。比如，选择玩积木可能是因为自己的朋友也在玩……

所以那顿饭，我们吃着儿子点的所有的菜，非常开心。儿子尝一口虎皮辣椒后，很快就吐了出来，他被辣得直哈气，从此之后，他就知道原来辣椒的辣是这个味道的。有体验才有经验。

我们一起讨论着名字和菜的关系以及菜的味道，还有哪个人最喜欢哪个菜。这样不但了解了很多知识，而且让儿子学会了点菜的时候点一个自己爱吃的，学会尊重自己，爱好自己，也尊重他人，爱好他人，再点一个没人吃过的菜来拓展见识。

创造力从何而来？

总有机会自己做决定

我第一次点餐时还小，对这件事没有印象了，但我听爸爸妈妈说过很多次，也感谢我的爸爸妈妈那么尊重我，从那么小就让我自己做决定，而且总是能用欣赏支持的态度成就我。这对一个孩子来讲太重要了。

这件事到今天都还在不知不觉地给到我支持呢！

我大四时，导师和学院信任我，给了我单独带团队的机会。但我们的实验基地不在市内校区，而是在创新港。虽然每天都有班车，但一来一回需要三四个小时的时间。如果仅仅是跟着导师做做实验，学生们都是每天坐班车往返。但当时我是独立带项目，需要守在实验室的时间更多，但我的身份又是学生，不是老师，所以按照规定我是不能像老师一样在创新港有自己单独的房间住宿的。这可怎么办呢？

我突然想起第一次点餐时的菜名。随感而发就写了一些东西发了出来：

"虎皮辣椒"里没有老虎！

"狮子头"里没有狮子！

"老婆饼"里没有老婆！

"创新港"里没有什么？

欢迎竞猜！

一石激起千层浪，同学们热烈地回应，有的回：

"创新港"里没有港！

更多的回应是：

"创新港"里没有创新！

感谢我的母校西安交大，感谢生命学院，感谢钱学森试验班。感谢我的导师，他们看到了，真的用创新的方法解决了我的住宿问题！

我妈妈一直不是一般的妈，她是"二班"的。

第二部分

关于成才

第一章

从小种下种子

……

怎样的表扬能真正支持孩子?

“如何利用好这些聪明，才是你的本事！”

大概4岁的时候，我的幼儿园老师夸我聪明，我很开心，一见到妈妈，就迫不及待地跟妈妈说：“妈妈，我老师夸我最聪明！”我在热切地等待着妈妈给予我回应。

没想到妈妈看我一眼，说：“当然了儿子，你爸爸是学霸，妈妈也是学霸，你遗传了我们的基因，当然聪明了！”她没有我想象中的那么兴奋。接着她语重心长地说：“儿子，你知道吗?聪明并不值得自豪,那只是说明你很幸运,有聪明的爸妈给你遗传,如何利用好这些聪明，才是你的本事！才是最值得自豪的事！”

那个时候我没有完全理解这段话的深意，但这段话已深深地进入我的心里。自那以后，我再也没有以“聪明”自居过。

被叫家长如何反转为成长动力？

“你喜欢什么，就把能量用在那里”

妈妈宽松豁达的教养模式是我成长最好的助力，妈妈对我无条件的相信和爱是我成才的基础，让我在小时候得以按照我自己的意志和感觉及想法发展我各个方面的能力。

我第一次被叫家长是在幼儿园。我小时候是个特别爱动的孩子，有一次妈妈去接我的时候，老师向妈妈告状，说我有多动症。我吓坏了，在旁边偷偷地瞄一瞄我妈妈的反应。我妈妈很激动，她提高了嗓门说：“我儿子怎么了就有多动症？”

老师说：“我在黑板上写字的时候，马文禾就在地上滚起来了。”

我跟同学交流过他们的父母遇到这种事情会怎么办，他们说他们的家长要么语重心长地讲道理："孩子，上课要坐好，不能乱动，更不能捣乱，记住了没？"要么就批评孩子："上课你不能坐好吗？能不能听话，让我省心一点……"

但我妈妈挺了挺胸，抬了抬头，声音提高了两度，大声地说："我确信我的儿子没有多动症，他就是太聪明了，反应太快了，能量太高了！"

我本来非常害怕，担心妈妈会不会发怒，会不会打我。可我妈妈蹲下来，眼睛坚定地直视着我，对我说："儿子，你看你这么聪明，反应这么快，能量这么高，宝贝，你喜欢什么，就把能量用在那里，一定能创造奇迹的！"

当问我喜欢什么的时候，我想了一下，说："我喜欢画画！""好！咱就画画！说不定是个著名的画家呢！"妈妈激励了我，从此，我就跟着我的老师学习画画。只学了短短几个月的时间，我的作品竟然获得了郑州市幼儿绘画二等奖。我在绘画里找到了快乐和自信，绘画让我沉浸其中，拓展了我的想象力和创造力。每走一处，只要看见纸笔，我都忍不住拿起来涂鸦，往往随手一画便意境万千！那个时期是我最快乐的时期。

后来，我妈妈让我再选一个喜欢的项目练习，我选择了跆拳道。"妈妈支持你的选择，想选什么你做主，妈妈都尊重并全力以赴地支持！"妈妈语重心长地说。

我上了跆拳道班一个星期之后，因为太累了，我不想练了，就想退出。

妈妈当时跟我说的一番话到现在都还在影响我："儿子，人要学会为自己的人生负责，为自己的选择负责。我不像其他的家长按照自己的喜好给孩子报班，我尊重你自己的选择。但我有个要求，就是坚持到底，最起码坚持到妈妈给你交费的期限，我们再重新选择！"正因为小时候妈妈给我种下了这毅力的种子，今天，我在做实验的时候才能不惧失败，持之以恒。

如何处理课外兴趣班相关问题？

兴趣是孩子最大的内动力

很多家长有这样的困惑：要不要报兴趣班？报哪些兴趣班？兴趣班没有兴趣了怎么办？孩子坚持不了怎么办？

有一次有个妈妈说，她的女儿大概 8 岁，报了好几个班都上不了多久就坚持不下去了，问我该怎么办。

首先，我们要知道兴趣班是谁的“兴趣”，是孩子的还是家长的？

其次，兴趣班数量最好不要超过三个。如果孩子都喜欢，都想尝试，就在喜欢的里面取舍出三个。

最后，在选之前要跟孩子讲好，坚持到底，为自己的选择负责，也就是为自己的人生负责。

如果是家长给孩子选的兴趣班，孩子现在不想学了，坚决退掉。不要心疼钱，你的孩子比那些钱重要。这也是为孩子做榜样，为自己的行为负责任。

如果是孩子选择的，就要告诉他，为自己的选择负责任。坚持到底是个特别优秀的品质，最起码要坚持到费用用完。

中国的父母是最爱孩子的，可以不计代价地对孩子好，但这种“好”真的是孩子想要的吗？还是只是我们认为的“对孩子好”？有时候家长不知不觉做了越界的事，把爱变成了阻碍。

“不让孩子输在起跑线上”这句话曾经在我们的教育生活中占有很重的分量，我也曾经被这句话压得喘不过气来。一个妈妈说：“人家都学咱不学，到时候怎么跟别人比？不显得咱们的孩子像傻子吗？”

但我认为，家长千万不要把自己的兴趣或自己没能实现的愿望强加在孩子身上，或者为了虚荣心给孩子报一堆兴趣班。

我的儿子也报过班，不过报什么班是让他自己选择的。我有一个原则，只要你选择了这个班，就要坚持到底，不准中途退出。这是我培养孩子责任心的方法之一。

儿子 4 岁时选择了画画和跆拳道，一动一静，一脑力一体力的搭配在我看来很不错。儿子在画画上很有天赋，当年就得了郑州市幼儿绘画二等奖。画画他一直坚持到幼儿园结束。小学后由于科目增多，儿子就不愿意再去学了。跆拳道练了一个学期，他好像并没有多少兴趣，后来就没再学下去。

之后，儿子整个小学阶段就没怎么报班，一般小学爱报的奥数班和英语班，儿子说他自己学得会，为什么要去报班呢！我觉得他说得有道理，支持了他的决定。

兴趣是孩子最大的内动力！我儿子曾跟我说："我在学校里找到一架钢琴，只要有时间就会去弹一弹。非常感谢你在我小时候没有逼着我去学这学那，所以现在感觉弹钢琴无比享受！"

我曾经有个朋友，她的孩子从小练钢琴，是有名的钢琴小才女，可是自从拿到钢琴十级证以后，再也没有摸过钢琴，甚至一看到钢琴就要呕吐，她妈妈不得不把钢琴卖了。

我的儿子之所以有这么大的进步，跟发动了他自己的积极能动性有关。就像一辆汽车，如果它的发动机没有发动，光靠外力推它，想让它动起来是很难的，可一旦发动机发动，我们想拦都拦不住。

兴趣是孩子最好的老师，让孩子更多地在生活、学习中得到快乐，得到享受，比什么都强。

第二章

成长过程中兴趣的引导

……

如何不知不觉强化孩子的思维模式？

做个讲故事的高手

儿子最爱听的故事是阿基米德测皇冠真假的故事。

叙拉古国王交给金匠一块黄金，让他做一顶王冠。王冠做成后，国王拿在手里觉得有点轻。他怀疑金匠掺了假，可是金匠以脑袋担保说没有，并当面拿秤来称，结果与原来的金块一样重。国王有些怀疑，可又拿不出证据，于是把阿基米德叫来，要他来解决这个难题。

回家后，阿基米德闭门谢客，冥思苦想，但百思不得其解。

一天，他的夫人逼他洗澡。当他跳入池中时，水从池中溢了出来。阿基米德听到那“哗哗哗”的流水声，灵感一下子冒了出来。他从池中跳出来，连衣服都没穿，光着屁股就冲到街上，高喊着："尤里卡！尤里卡！"（eureka，意思是"我知道了，我明白了"，后指卓越的发明活动）夫人这回可真着急了，嘴里嘟囔着"真疯了，真疯了"，便追了出去。街上的人不知发生了什么事，也都跟在后面追着看。

原来，阿基米德由澡盆溢水找到了解决王冠问题的办法：相同质量的相同物质泡在水里，溢出的水的体积应该相同。如果把王冠放到水里，溢出的水的体积应该与相同质量的金块的体积相同，否则王冠肯定掺假。

阿基米德跑到王宫后，立即找来一盆水，又找来同样重量的一块黄金，一块白银，分两次泡进盆里，白银溢出的水比黄金溢出的几乎要多一倍，然后他又把王冠和金块分别泡进水盆里，王冠溢出的水比金块多。显然，王冠的质量不等于金块的质量，王冠里肯定掺了假。在铁的事实面前，金匠不得不低头承认王冠里确实掺了白银。王冠之谜终于解开了。

每每给儿子讲这个故事，他都笑得前仰后合。我跟他说："真理都蕴含在最平常的事物中，伟大的科学家或者哲学家之所以成为‘家’，是他们比常人往前多思考了一步，发现了这些真理。”

儿子记住了我说的话，每每看到生活中的现象时，总是试着多思考一步，我会鼓励他说：“儿子真有科学家的思维模式，是科学家的料！”儿子从那以后的口头禅就是：“哦，我明白啦！”

我不断强化儿子的思维模式，对他以后的学习起到了很关键的作用，他做事总是比常人多想一步，已然养成了习惯！

妈妈一定要是个讲故事的高手，这样能在无形中把好多道理灌输给孩子，效果比干巴巴地讲道理强多了。最好能把故事讲得声情并茂，让孩子一听难忘。

我给儿子讲过苏格拉底和柏拉图的故事。

> 一次，柏拉图问他的老师苏格拉底说：“老师，我怎么样才能在最短时间内把您脑袋里的才能和智慧都学会呢？”
>
> 这时候，苏格拉底什么话都没说，一把抓起了柏拉图的衣领就往外走去，走到一个水塘旁，把柏拉图狠狠地摁在水里。柏拉图拼命地挣扎，好不容易把头伸出了水面，气愤地说：“老师，你干什么？我就是想知道怎么样能把你脑袋里的智慧装进我的脑袋里，你也没必要淹死我吧？”

“我在回答你的问题！我已经告诉你答案了！”

柏拉图一脸迷茫，停了几秒钟仍然摇了摇头。

“如果你求知的欲望就像刚才求生的欲望一样强烈，那么你将无所不能！”

我在给儿子讲这个故事的时候，他还很小，一个故事要讲好多遍，儿子到今天仍然还记得这种强烈的求知欲，并在他的科研和学习生活中将强烈的求知精神发挥到了极致。

对科学的兴趣从何而来？

在听故事中不知不觉地被置入

我的妈妈是个超级故事大王，我摔倒了，她给我讲牛顿的作用力和反作用力；我洗澡时，她给我讲科里奥利，讲阿基米德；我想看电视，她给我讲毛主席闹市苦读……每个故事都是那么引人入胜，以至于我都忘记了我要干什么。我在很小的时候，就知道很多科学家的故事，因此我对科学产生了浓厚的兴趣。

有一次，我洗澡的时候，妈妈给我讲阿基米德的故事：古希腊一位国王做了一顶金王冠，他怀疑工匠用银子偷换了一部分金子，便要阿基米德鉴定它是不是纯金制的，且不能损坏王冠。阿基米德捧着这顶王冠整天苦苦思索，既不能切开，又不能损坏，该如何才能知道里面是不是掺假了呢？

有一天，阿基米德去浴室洗澡，他跨入浴桶，随着身子浸入浴桶，一部分水就从桶边溢出，阿基米德看到这个现象，头脑中像闪过一道闪电，情不自禁大喊：“尤里卡！尤里卡！”大意是：“我明白啦，我明白啦！”他兴奋地一跃而起，赶忙跑出去，想告诉国王他找到方法了，谁知道连衣服都忘记穿了，光着腚就狂奔而出了。

每当妈妈讲到这里的时候，我就有很强的画面感，忍不住“咯咯咯”地大笑起来，之后每次洗澡时我都让妈妈把澡盆放满水，体验一下我进去的时候会流出多少水，这样也就知道我的密度了。

阿基米德拿一块金块和一块重量相等的银块，分别放入一个盛满水的容器中，发现银块排出的水多得多。于是阿基米德拿了与王冠重量相等的金块，放入盛满水的容器里，测出排出的水量；再把王冠放入盛满水的容器里，看看排出的水量是否一样，问题就解决了。随着进一步研究，沿用至今的流体力学基石之一——阿基米德定律诞生了。

当我进入中学学习物理的时候，我不知不觉就很喜欢阿基米德了，我特别喜欢他的一句话：“给我一个支点，我可以撬动地球！”我无数次进入小时候洗澡时的场景，原来，科学家都是在生活中不断发现这个世界的秘密的。妈妈说：“科学和艺术都是来源于生活而又高于生活的，这个‘高于’，就在于我们的思考。”

又有一次，我洗澡的时候，发现水流总是打着转地往下水口流去，连我的小黄鸭也不停地跟着打转，我就问妈妈，妈妈给我又讲了一个故事：科里奥利力。

伟大的物理学家科里奥利在洗澡的时候也发现了这个现象：为什么每次放洗澡水的时候，水都朝着一个方向旋转呢？会不会南半球跟北半球的旋转方向不一样呢？他赶快买了张机票到南半球去，就是为了放个洗澡水，果然，南半球的洗澡水总向另一个方向旋转，他激动地要疯了，差点喊出“尤里卡”来。他由此发现了地球的科里奥利力，这个发现后来广泛应用于大气洋流气旋研究以及我们的火车高铁的铁轨设计之中。

我妈妈说：“以天地万物为师。”天地万物都有其运行规律，就看我们有没有智慧可以破译这些规律。这需要我们有足够的观察力、感受力、思考力、智慧力、发现力、想象力和创造力。

还有我妈妈讲的苏格拉底和柏拉图的故事。

当讲到柏拉图思考不出如何获得老师的智慧时，妈妈通常会问我：“知道怎么样能把老师脑袋里的智慧装进自己的脑袋里吗？”我想，难道是要给他洗洗脑？还是……这个时候通常我也会陷入沉思。

当我说出这些答案后，妈妈都微笑着摇了摇头，她说："孩子，柏拉图也没有猜出答案。他问老师，到底是什么？

"这个时候，苏格拉底说出了那句千古名言：'如果求知的欲望，像刚才求生的欲望一样强烈，你将无所不能！'

"说完，苏格拉底扬长而去，留下了若有所思的柏拉图……"

这个故事我妈妈给我讲了不下二十遍，最开始的时候只是讲故事而已，后来有次她真的端来一盆水，像苏格拉底对柏拉图那样，抓住我的衣领，把我的头狠狠地摁在水里，后来再讲这个故事的时候，她就把我的头狠狠地摁在浴缸里。

我真的体验过什么是求生的欲望，那是拼尽一切力量、心无旁骛的感觉。后来当我进入实验室进行科研，在实验遇到挫折的时候，我就会不自觉地想到这个故事，想到这句话："如果求知的欲望如求生的欲望一样强烈，我将无所不能！"我瞬间就会力量倍增，好像什么困难都没有了。

如何增长孩子见识?

对哪里感兴趣，我们就去哪里

儿子上三年级的时候，我有时候会心血来潮吟诗作画。虽然我不是“琴棋书画诗酒花”样样精通，但也绝不只追求“柴米油盐酱醋茶”。这要感谢我的父亲，他从前就是文艺青年，现在仍然是文艺的，只不过变成了文艺老年，他从来没有放弃过写字，哪怕在吃不饱饭的年代，他也要用仅有的一点点窝窝头换回纸笔，饿着肚子写毛笔字。我也是受他的影响，偶尔练练书法、画画国画。

有一天，我画了一幅牡丹图，儿子放学回来，我拿给他看：“儿子，看看妈妈画的牡丹！”

儿子看了一会儿，跟我说：“妈妈，我从来都没有见过牡丹，所以没有办法评价！”

我一下子愣住了，立刻放下笔，拉上儿子直奔火车站：“儿子，妈妈今天就带你去看牡丹！”

我感谢儿子一句话点醒了我，见识才是孩子学习成长的基础。后来我带他走课本里走过的路，儿子看书时，对哪里有兴趣，我们就去哪里，打开了孩子更广阔的世界。

孩子如果没有观世界，哪来的世界观？让孩子增长知识又增加见识，是培养孩子的关键。

解决问题的思维如何养成？

“任何事情都至少有三种以上的解决办法！”

我已经不记得当时看完牡丹回家之后如何评价我妈妈的画了，因为那一次还有一件事对我影响重大。

看完牡丹之后，我们晚上吃过饭准备回程。当我们飞奔到检票口时，屏幕上已提示检票即将结束，我们快速地冲上二楼，检票员已在关闭通道，我们一边跑一边喊“等一下！等一下！”只听见检票员不耐烦地说：“快点快点，早干什么了？”我们把票塞到她手里，她用什么东西打了个小孔，我们夺回票拼命地跑下二楼，差点摔倒。当我们一个纵身跳上火车的时候，火车已经开动了！好惊险！

我们大口地喘着粗气，看着对方的脸，我发现妈妈的脸上全是汗水，我的脸上除了汗水还有泪水，我吓哭了！毕竟那个时候我才 9 岁，从来没有经历过如此惊心动魄的场面。我跟妈妈说：“妈妈，我害怕！”

“儿子，你知道吗？我们刚才体验了一把‘全力以赴’，记住这感觉！不过，如果我们全力以赴了还是没赶上车，你想想我们还有什么办法？”

“我不知道！”我惊魂未定。

“儿子，你忘了妈妈告诉你的，任何事情至少都有三种以上的解决办法！你想想！”妈妈提醒我，让我开动脑筋。

“我们就换下一趟！”“很好，儿子！还有呢？”

“我们还可以坐汽车！”“很好很好，还有呢？”

“我们还可以再住一晚，明天再玩一天！”“太好了儿子，看看，你一下就找到了三种不同的解决方法！太棒啦！”

我的心情慢慢地平复下来了，这时候我才感觉到我的羽绒服都汗湿了。我品味着妈妈的话，原来刚才这就是全力以赴的感觉，也再次开动脑筋思考，我们还有哪些替代方案呢……

从此，遇到事情的时候，我会自问：这件事我做到“全力以赴”了吗？还有哪些更好的方案呢？

如何开办一个“公司”？

“阳光书苑”创业记

因为我的妈妈不像一般的家长，除了老师布置的作业还要给孩子加作业练习，所以我有很多的空闲时间。这么多时间干什么呢？我看妈妈这么辛苦地养我们一大家子人，就在想怎么能挣些钱。我想到了，我可以开个公司，把我的书租给小伙伴们看，因为我从小就经常去新华书店借书看，我觉得这肯定行，况且我在 4 岁的时候卖过自己的画，也算是做过生意，再者，我们班开跳蚤市场，每一次我都是卖的钱最多的，因为我有绝招——买一送一，十元钱买一幅画送一张奥特曼碟子，或者是买我的东西就送一副 3D 眼镜。

有那么多的成功经验，我信心满满，说干就干。我在小学三年级成立了人生中第一个公司——“阳光书苑”，把我喜欢看的书租给我的同学看，5 角钱一本。

开业顺利，第一天我就租出去 6 本。我打算扩大规模，就开始招聘，开出每一周结算一次的工资条件：一周工资一元，租出一本书 5 角提成 2 角。同学们蜂拥而上，都想加入。

我开始进行相当严格的招聘面试，经过我的筛选，最后留下 4 位同学成为我的员工，他们的外形、性格、胆量、口才等各方面都很突出。一周下来，除去他们的工资提成，我差不多赚了 20 元，这 20 元差不多是我那时候 1 个月的零花钱。我好兴奋，想象着美好的未来：我要在我表妹的班里开个分公司，等我表弟上学的时候，也给他开个分公司……天哪，我要发财了！我憧憬着这美好的未来。

有一天，我放学回来，除了背着书包以外，手里还提着一个手提袋，那可是我的全部家当，有我的书，我的账本以及我美好的未来。但我有点害怕妈妈反对，看到妈妈后，我本能地把手提袋往身后藏了藏，可还是逃不过我妈妈的火眼金睛，妈妈问：“儿子，你袋子里装的是什么？”

被发现了，躲不过了，硬着头皮也要面对：“妈妈，这是我开的公司，我给你说说吧……”

我一五一十地把我的赚钱方法和妈妈说了。

没想到我妈妈大手一拍桌子："儿子，你天生就具备做生意的天赋！妈妈支持你！"她说着从包里拿出100元，往桌子上一拍："我决定给你投资，做你的天使投资人，年底你给我分红！"

在一旁的姥姥听说还能分红，也迫不及待地边掏钱边说："我也要分红！"她也大手一拍，拿出了50元。

我的妈妈果真不是一般的妈，她是"二班"的。一般的妈妈看到孩子上学时不务正业，搞乱七八糟的东西，早就制止甚至教训了，我的妈妈不但不批评我，还给我投资。

我太开心了，马上抓起这两张巨款："感谢两位投资人，年底等着分红！"

我飞奔下楼，到小卖部兴奋地喊："老板，给我来150本《植物大战僵尸》！"

老板有点错愕，既兴奋又有点不敢相信，嘴里连声说着："好好好！你确定要那么多？"可他找遍了所有的存货，也没有一百本，我就把他那里有的数量全部买了。我的同学几乎都成了我的客户，特别是男生，一天能借三四本，女生中也有好几个，特别爱看从我那租的书。

如何从失败中获取价值？

“儿子！就这一条价值百万！”

正当我的生意越做越好时，有一天上数学课的时候，有好几个不爱学习的同学偷偷在看《植物大战僵尸》，其中一个同学看得太入迷了，竟然笑出了声。坏了坏了，老师直奔他那里去了，他还没有发觉！我在旁边急得直跺脚，恨不得跑到他那里去。

老师直接从低着头的他手里抽出他正看得入迷的书，狠狠地把那本书摔在桌子上，大声地呵斥道：“上课不听讲，还看这种书，哪来的？还有谁有？”另外几个也在看的孩子不自觉地低下了头。正在这时候，不知谁叫了一声：“马文禾租的。”

我不知所措，只听到远远飘来一句话：“马文禾，下课你到我办公室来！”我不知道那天是怎么过的，只记得我的书连我的账本一起被没收了。回到家，我看到妈妈，再也忍不住了，眼泪不争气地流了下来，我哽咽着说：“妈妈，告诉你个不幸的消息，咱们破产了！”

妈妈估计也被我的样子吓着了，她轻声地问：“怎么回事？”

“我班里的同学几乎都成了我的客户，他们上课的时候都在看《植物大战僵尸》，结果被老师发现了，就把我的书全部没收了，连窝都给我端了……”一说到这里我又忍不住哭了。

“太好啦儿子！”没想到我妈妈一拍大腿，好像很兴奋的样子。

“妈妈，你不是疯了吧？我们都破产了，怎么还‘太好了’呢？”我妈妈总是出人意料，果真不是一般的妈！

“儿子，你现在破产，妈妈才损失 100 元，总比你将来长大了公司破产好，那时损失的估计就是 100 万了！儿子，快想想，这次破产给你带来了什么？”

我停了有 5 秒钟，说：“这次破产，我收获的是以后不管干什么事，都不能跟‘规则’对着干！”

“太好了，儿子！就这一条价值百万！”

听妈妈这么说，我的心情顿时开朗许多。心想，做什么事老师会支持我呢？

我又开始了寻找……

孩子不搞学习搞副业怎么办?

从“我要投资”到“这次破产你收获了什么?”

“股神”巴菲特买第一支股票是在他11岁的时候,马文禾开第一个公司是在他小学三年级的时候。

如果我们的孩子在上学时不专心致志学习,反而有自己的副业,我想问一下,你会如何处理呢?

儿子上小学三年级的一天,我出差回来,注意到孩子除了背着书包外,手里多了一个手提袋,看着还挺沉,一问才知道,儿子开了一个公司,叫“阳光书苑”,手里提的都是他原来看过的课外书,加上他用自己的零花钱买的一些小人书,拿到学校准备出租给同学的,每本租金一天5角钱。他还专门准备了一个记账本,上书“阳光书苑”,下面记的是谁什么时间借阅了什么书籍，什么时间归还，还有一栏是经由谁借出去的。他说他有四个员工帮他往外租书，一个人的工资是每周 1 元，租出去一本书提成 2 角。我一看，账目记得很清晰，一周给员工结一次账。数学利用得不错！

看儿子做得很好，我和他姥姥决定投资 150 元入股。我儿子瞬间拿到 150 元的资金，这个钱对他来说可不是小数字，那个时候他一天的零花钱才 1 元钱，一周才 5 元钱，150 元相当于半年的零花钱。

儿子干得更起劲了，每天都早早地去学校，同学们都放学走了后他才走，每天回来还跟我们汇报公司经营状况。

眼看着生意越来越红火，我们也替孩子高兴，感觉这次孩子开公司体验不错。可高兴了没多久，大概也就一两个星期，有一天，孩子放学灰溜溜地空着手回来了，见到我很沮丧地跟我说："妈妈，告诉你一个不幸的消息，咱们破产啦！"

"怎么就破产啦？我们刚投了资呢？"我有点诧异地问道。

儿子说："妈妈呀，你不知道，咱们的生意太好啦，我们班几乎 80% 的同学都是咱们的客户，都租了咱们的书，上课的时候也在看，结果被老师发现，查到我这里，老师就把咱们的老窝给端了！"

"上课还看，是有点过分了！是什么样的书这么吸引他们？”我有点好奇。

“《植物大战僵尸》！”

“这个书老师看了肯定生气！”我跟儿子分析道，“要是学习方面的还好点！”

“我是调查后才购买的这些，这些是畅销书！”儿子振振有词地说。

“还做了市场调研，不错！这次就当是我们投资失利，看到没，做生意不能光迎合市场，还要考虑到监管部门！”

儿子点点头，说：“妈妈，咱们破产了呀！”

我说：“太好啦！”

儿子说：“妈妈你没事吧，我们都破产了怎么你还说‘太好啦’？”

“儿子，你现在破产妈妈才损失 100 元，如果是你长大了开公司破产，我说不定会损失 100 万，从这个意义上来说，是不是‘太好啦’？儿子，记住，坏事当中有好事，你想想，这次破产你收获了什么？”我开始引导孩子。

儿子小脑袋歪了一会儿，突然大声说：“妈妈，这次破产给我最大的收获就是，以后不管干什么事都不能跟‘政府’对着干！”

“太好啦，就这一个收获，价值百万！”

带有敬畏感遵守规则很重要。自从那次之后，我儿子一次都没有过违反学校的规定，比如学校规定不准带手机进校园，他就从来没有带过。学校要求必须穿校服才能入校，有一次冬天，校服没有干，他就把湿溜溜的衣服穿在外边了，等到学校的时候，校服已经结上一层冰了。

儿子第一次开的公司“阳光书苑”虽然以破产告终，但没过多久，我儿子又筹办了一系列新的组织。直到今天，我儿子仍然在开拓，在创新。

每一次经历都是莫大的财富，让孩子自己去摸索，去实践，去感受创造的快乐。我们家长不仅不能打击孩子的热情，还要支持、鼓励孩子去开拓新的世界。

体验比结果更重要，成长比成功更重要。选择的智慧来自于丰富的体验，过程无法超越，经历无法替代。

孩子“想一出是一出”怎么办？

不要过多地介入，只适度地关注

有了上一次“阳光书苑”的失败经历，孩子做事考虑仔细了很多。他的第一个公司破产之后，又组建了一个写作小组，每天放学后，他们聚集在我们家对面的新华书店进行交流，探讨写作。

有一天，我儿子兴奋地跟我说：“妈妈，你都不知道我们现在的写作小组待遇多么好，每天都有汉堡可乐！”

“你们哪里来的钱？”我有点惊奇地问，因为那个时候儿子的零花钱是一天 1 元钱，一周 5 元钱，一个汉堡也买不到。

“我们新进了一个后勤部长，他是带资入组！”

“怎么个带资入组？”我更好奇了。

“按照他的作文水平，他是没有资格进入我的写作小组的，但他一直求我：‘让我进来吧让我进来吧，我给你们当后勤，负责给你们买汉堡和可乐！’那几个没出息的家伙就同意了！”

“钱是哪里来的呢？”我又好奇又担心地问。

“他爸爸妈妈都是大老板，每天给100元零花钱，他自己也花不完！”

我听了提醒儿子说：“不要老花同学的钱，最好是‘AA制’。”儿子说：“这是他自愿的，要不就不让他进组。再说了，他每天的零花钱自己花不完，我们是帮他的忙呢。”

听到这里，我怕孩子们因为钱发生矛盾，私下还找了一下这个孩子的妈妈，他妈妈听说之后，非常开心，说：“我儿子能跟着马文禾创作太好了，我准备追加资金，每天200元！回头写出来的东西加上我儿子的名字就好啦！”

这个写作小组大概一直保留到儿子小学毕业，为他们留下了许许多多美好的成长记忆。

孩子们自己能处理好他们之间的大部分问题，家长不要过多地介入，只适度地关注就可以了。如果孩子搞不定，需要我们帮忙，只要他向我们提出来，我们给予力所能及的帮助即可。

第三章

持续进取与挫折面对

……

孩子摔跤了父母怎么说？

“是我们撞上它的，快跟它说‘对不起’”

如果孩子正在蹒跚学步，他摔倒了，我们该怎么办呢？

一些家长会说：“宝贝不哭，都是地不好，让你摔倒了，来，妈妈打地，奶奶打地！”拿手或者什么东西去打地的时候，有可能孩子就被逗笑了。家长看到孩子开心了，觉得特别有效果，所以也就开心了。

这司空见惯的一个小动作，却有可能害了孩子的一生，因为这种方式给了孩子一个错误的认知：当出现问题的时候，都是别人的错，要责备或者惩罚别人。

还有一种家长会和孩子说：“没事，不哭，不疼！”或者说：“男子汉，不准哭！”这种做法也是不对的，这让孩子从小就发现应忽略自己的感受，自己的感受不重要！那孩子越长大，越会隐藏自己的感受。再长大，就可能会成为一个没有同理心的冷漠无情的孩子。

我的儿子刚学走路摔倒时，他奶奶会说：“摔摔更健康！”每一次摔倒之后，他奶奶都笑着说：“俺小宝又壮了一次！来，快站起来！”儿子看到大人开心的反应，好像也忘记摔得疼了，笑嘻嘻地爬起来，没事了！

我碰到儿子摔倒或者磕着碰着的时候，就会说：“根据牛顿第三定律‘作用力与反作用力’来看，你和地受到的力量都是相等的，地没有动，是我们撞上它的，快跟它说‘对不起’……”所以我儿子摔倒从来都是自己想办法爬起来，不哭也不叫，有时还总是笑嘻嘻的，像模像样地跟地或者桌子说：“对不起！”

这样不但培养了孩子的自我负责的能力，还培养了孩子的抗挫折能力，让他知道摔倒没什么大不了的，能让我们更壮，再站起来就是了，同时还培养了孩子的同理心，不只关心自己，还关心地，关心周围的事物，关心他人。

成绩差如何转危为机?

“40 分怎么还恭喜我?”

如果你的孩子考试只考了 40 分，你们会怎么样?

那一年我刚上初一，第一次考试我数学只考了 40 分，说实话我很丧气，更让人丧气的是老师竟然叫了家长。我都无法想象我妈妈回来之后会是什么样的反应。我没有经验，能参考的就是我的同学的遭遇，听说，被叫家长之后都没有什么好果子吃。

我有点战战兢兢，偷偷做好了被打的准备——我在妈妈还没有回来之前，已经在里面偷偷地穿上了一件厚一点的衣服，以便挨打的时候能减轻皮肉之苦。

我妈妈从学校回来了，我的心提到了嗓子眼，坐在角落里，时刻做好准备，以便在妈妈动手的时候及时快速地跑掉。

只见妈妈在沙发上坐了下来，脸上看不出什么情绪，我心里就更紧张了。她开口了："儿子，今天老师找了妈妈去，妈妈才知道这次数学你考了40分。"

暴风雨要来了，我的心"砰砰"地几乎要跳出来。我几乎看不出妈妈的表情，她会怎么样呢……

她突然提高声调说："我想说，恭喜你，儿子！"看到她似乎还有点兴奋的样子，我突然感觉妈妈不是气糊涂了，就是疯了。

"妈妈，你没事吧？我考40分，你怎么还恭喜我？"我有点紧张地说。

"儿子，考试的目的是什么？查缺补漏呀！这次考40分，说明你能查到60分的空缺，这次虽然40分，但你有60分的提升空间呀！"妈妈果然思路不同于一般人。

不过听她这么一说，我的心情180度大扭转，马上说："是的，妈妈，你太了不起了，太有智慧了，虽然我这次只考40分，但一使劲，一努力，我就有60分的提升空间，你看看考98分的，累死他，他也只能提升2分！"

"是的，儿子，妈妈相信你，你一定会成为你们班进步最快的学生的！成为一匹黑马，创造奇迹！"妈妈斩钉截铁、信心百倍地说。

我确信我妈妈果真不是一般的妈妈，她是二班的。一场对其他同学来说的天大危机瞬间化为乌有，不对，是“危”没有了，只剩下“机”！天大的“机”！我瞬间信心满满。

“妈妈告诉你，数学是最简单的东西，想当年，妈妈我是数学天才，总是考第一，你有老妈的基因，数学不成问题，如果遇到难题，老妈做你的神助理！有妈妈在，一切都不成问题！”

后来我的数学果真考了第一，连数学老师不会的题都会来问我。在我的谢师宴上，我的数学老师霍冬冬还说：“马文禾的数学不是我教的，他有时候还会来教我！”我果然成为老师口中的黑马，创造了奇迹。

孩子成绩差时父母如何说？

“有爸妈在，不要怕！”

儿子刚刚升入中学一个星期，就发生了被叫家长这样的事，当时我无比震惊。

有过被叫家长经历的人应该都知道，老师叫你去喝茶可不是喝茶那么轻松的，被老师提醒后我才知道，我儿子不但分数很低，而且上课的时候会和前后左右的同学说话，影响别人。老师已经把他作为典型揪出来站在最后面听课了。老师说：“我看他站在最后面还能跟谁说话。”

听到这些时，我心里难过极了。我难过的不是我儿子成绩差，而是我儿子的自尊受到了多大的损伤。

孩子的考试分数对我来说并不重要，损伤孩子的自尊对我来说更重要。我最担心的是我儿子心理上有阴影，产生自卑等消极情绪，所以我决定要跟儿子一起来面对现在的困境。

我该怎么做呢？在回程的路上我陷入了深深的思考。

被叫家长后，孩子一定充满了恐惧和担忧，作为父母，要在孩子恐惧担忧时提供庇护，告诉他们“有爸妈在，不要怕！”孩子考试考砸了，最难过的一定是孩子自己，他的压力是最大的，要面对家长、老师、同学等其他人带来的压力，所以父母应该在孩子有困难时义无反顾地挺身而出，和他站在一起，告诉孩子：“有爸妈在，不要怕！”

那个时候，我还没有学习太多心理学理论知识，但本能的爱告诉我，这么做才是对的。所以才有了我回到家后和儿子的那一系列对话。后来学习了心理学之后，我才知道我当时做得很对。用我儿子的话说，我就是天生的导师。你要问为什么我能做对，我想那是因为爱，爱的教育就是最好的教育。苏霍姆林斯基曾经说过：“没有爱，就没有教育！”

儿子说：“妈妈，你是知其然而不知其所以然，你知道这么教我是对的，但又不清楚为什么是对的，等你学了理论知识之后，你就是最厉害的，因为你不但有理论，而且还有实践，最重要的还有我这个见证！”

我儿子从那次之后成绩突飞猛进，等寒假回来的时候，他拿回来十张奖状，他真的成了他们班的进步速度最快的学生，从三十二名冲到了第一名，特别是数学，每一个题他至少能找到三种以上的解题方案。更重要的是他依旧自信阳光，温暖有爱，最终成为各方面都很健康的新时代少年！

孩子考砸了父母如何做？

给孩子坚实的依靠和温暖的陪伴

2015年，我的儿子进入了西安交通大学少年班的预科班学习，一晃两个月过去了，这些从全国各地优选出来的孩子们迎来了他们第一次期中考试，我似乎感受到我儿子将迎来人生的第一次冲击。

我在自己学生时代就曾经遭遇过这样的冲击。那时，我初中也是第一名，并被提前保送到我们县城最好的高中，进入高中后，我就经历了这样一段迷茫失落的时期，原来我是众星捧月中的那个“月”，可现在那么多“月”在一起，我突然找不到自己了。那个时候父母不在身边，高中又没有指导老师，我的整个高中阶段受到了黑格尔、叔本华的带有消极意味的哲学思想的影响。因为情绪的转变，我有点蔫了，最后，清华之梦也破灭了。

因为我有过这样的经历，所以我知道这个时候儿子需要一个心灵上的导师来帮助他，支持他，引导他。在我没有找到更合适的老师之前，我想，我责无旁贷，最起码，要给儿子坚实的依靠和温暖的陪伴。

第一次期中考试后，我问儿子考得怎么样，儿子好久没有回我信息，我判断，他的成绩不甚理想。

我放下手头的一切，飞奔向火车站，果然不出我所料，一共三十二人的班里，儿子这次排名第十四。虽然最后一名和第一名相差不过几分，可儿子原来是数一数二的尖子生，现在却成了名次靠后的了，这种滋味我体味过，自己心里过不去的。

还好，我来了！当我儿子看到我的那一刻，我能感受到他内心的温暖和感动，同时，也有一些不好意思。

当晚，在我还没有找到合适的言辞开导儿子时，我在学校里书架上的一本杂志上正好看到关于周恩来总理的一篇文章《翔宇，翔宇，汝宜三思》，讲述的是周总理入学南开后第一次英文测试不及格时写了一段告诫自己的话，我看到之后一拍大腿：“有了！”

周恩来一直都是儿子钦佩的榜样。

儿子放学回来，我把这篇文章拿给他看。儿子看完，沉思了一会儿："妈妈，我明白了，周总理是我的榜样，我一定会像他一样，三思而行，继续努力，为中华之崛起而读书！"

我此行的第一个目标已经达成，我看到了儿子脸上又出现了笑容。

我知道，一个为"家族"读书的人和一个为"民族"读书的人绝对不一样，一个为"人生"奋斗的人和一个为"人类"奋斗的人绝对不一样。因为他们的起跑线不一样，他们的思维模式不一样，他们的底层逻辑不一样，他们的生命驱动不一样，他们的生命输入不一样，他们的未来命运不一样，他们对社会的贡献和影响力不一样！

经过这次陪伴，我儿子期末考试的时候就考取了第二名。仅仅比当时的第一名少了 0.5 分。

一个孩子的内心是完整丰盛的，才能有力量、有能量面对外在的挫折，正所谓：内在拥有，外在自然呈现。

成绩倒数如何逆袭？

孩子的每一步成长，都离不开父母的用心

当时进入少年班这个优秀的集体时，我的成绩不是靠前的，但我有逆袭的经验，就像刚刚进入初中时，我的成绩是倒数，但很快我就成了第一。这次，我也一样有信心创造这样的奇迹。

妈妈告诉我："多少分、多少名进入高中并不重要，大家都在同一起跑线。"

第一次考试，我的成绩在我意料之内，可是心里还有点不舒服。别的家长可能打打电话安慰、开导孩子，但我的妈妈毫不犹豫地来到了我身边，并为我指明了之后的人生方向。

看到"翔宇翔宇，汝当三思"的时候，我被这句话深深地触动了。我每天都从周总理的塑像前经过，到达我们的教学楼"翔宇楼”，感觉他就在我们身边，时时刻刻和我们在一起，陪伴着我们，激励着我们。

南开的学习经历，给我人生最大的价值就是让我的爱国心和使命感空前高涨。

孩子的每一步成长，都离不开父母的用心。我感谢我的母亲，她对我特别用心。后来，我回到西安交大，我妈妈就在西安买了房子；我到上海上学，我妈妈又在周围买了房子。有一次，我的实验项目进展不顺利，无意间和妈妈说起的时候，我妈妈跟我说：“儿子不用怕，我卖两套房来资助你买最好的实验设备！”听到这句话，我的内心充满了感动。我说：“即使你卖了房子也买不来最好的实验设备，因为发达国家对我们实施了技术封锁。”妈妈说：“那怎么办呢？”我告诉她：“只有我辈努力，才能让中国更强大。”她深深地点头，告诉我：“需要妈妈做什么就告诉妈妈，我保证全力以赴地去做。”

这就是我的妈妈，不管任何时候遇到任何事，都能让我依靠的妈妈。

学习环境喧闹怎么办？

原来我们家就有培养伟人的条件

妈妈有句名言："上天为你关上了一扇门，一定会为你打开另一扇窗，最关键的是，你是否有能力把窗变成门。如果没有把窗变成门的能力，你仍然是被困住的。"

我的妈妈不是一般的妈妈，她的视角总是与常人不同。在妈妈的眼里，没有问题，都是资源。不管遇到什么困难，妈妈总是一拍大腿，大声地说："太好啦！"

我上小学时，我和表弟表妹一起生活在姥姥家，当时他们俩还很小，很闹腾，姥姥为了让我有安静的学习环境，总是盯着他们俩，不让他们吵。两个孩子在玩耍的年龄，却不能肆意打闹。姥姥也不准姥爷看电视。最开始我感觉挺好的，全家人都围着我转，还是我最重要。直到妈妈出差回来了，姥姥又这么要求他们的时候，妈妈进我的房间里，给我讲了一个故事。

她说毛主席上学的时候，他为了锻炼自己的抗干扰能力，每天故意坐到街上闹市口去看书，因为一个能静心、有恒心的人才能成为伟大的人。我妈妈语调故意抬高："儿子，太好啦，你知道吗？你比当年毛主席还幸运，咱家就给你提供了这样的环境，你都不必跑到闹市口去！"当时我还是第一次听到毛主席的这个故事，我被深深地吸引，原来我们家就有培养伟人的条件，我不必要求环境安静，而应该追求自己内心的安宁。

从此之后，不管我表弟表妹他们俩在家里多么吵闹，电视机里传出来的声音多么热闹，我都丝毫不受影响。我的定力越来越高，因为我从小就是这么练出来的。

到了大学，进入集体宿舍生活，不管别人在做什么，不管环境多么嘈杂，我都能不受影响，专注于我自己的世界。所以，妈妈说得对，没有问题，都是资源！

第三部分

关于成功

第一章

世界观、人生观、价值观

……

如何分辨是非对错？

老衲老衲，老是接纳！

老子说：“知人者智，自知者明。”

“盲人摸象”的故事讲的是，有一天，四个盲人坐在树下乘凉。有个人牵着大象走过来，大声喊着：“象来了，请让开一点儿！”一个盲人说：“象是什么样子的？让我们摸一摸吧！”另外三个盲人也说：“对，摸一摸就知道象是什么样了。”牵象的人把象拴在树上，他们就去摸。

一个盲人摸着了象的身子，就说：“我知道了，象原来像一堵墙。”一个盲人摸着了象的牙齿，说：“象跟又圆又光滑的棍子一样。”第三个盲人摸着了象的腿，说：“你们俩说的都不对，象跟柱子差不多。”最后一个盲人摸到了象的尾巴，就大叫起来："你们都错了！象跟绳子一个样！"

四个盲人你争我吵，谁也不服谁。牵象的人对他们说："你们都没有说对。你们每个人只摸到了象的一部分，怎么能断定象是什么样子呢？"

上小学的时候，我读了这个故事，明白故事里的盲人之所以摸到了什么就以为象就是什么，是因为他们并没有看到全貌，只是以偏概全罢了。

妈妈是这么讲这个故事的——

儿子，你知道吗？盲人摸象这个故事来源于《大般涅槃经》，说的是有一个很有智慧的国王叫"镜面"，他很苦恼，他的国家除了他一人信奉佛法真理之外，其他人都不信，他就想了一个办法来教育他们。有一次，几个盲人相携来到王宫求见国王，国王问他们说："有什么事是我可以帮你们的吗？"盲人们答道："感谢国王陛下的仁慈，我们天生什么也看不见，听人说，大象是一种个头巨大的动物，可是我们从来没有看见过，很是好奇，求陛下让我们亲手摸一摸大象，好让我们知道大象究竟是什么样子的。"

国王欣然应允，命令手下的大臣："你去牵一头大象来让这几个盲人摸一摸，也好了结了他们的心愿。"

不一会儿，大臣牵着大象回来，对几个盲人说：“象来了，象来了，你们快过来摸吧！”

于是，几个盲人高高兴兴地向大象走了过去。大象实在太大了，他们有的摸到了大象的鼻子，有的摸到了大象的耳朵，有的摸到了大象的牙齿，有的摸到了大象的身子，有的摸到了大象腿，有的抓住了大象的尾巴，并都以为自己摸到的就是大象，仔细地摸着并思量起来。

过了一会儿，国王见他们摸得差不多了，就问道：“现在你们明白大象是什么样了吗？”

盲人们齐声回答：“明白了！”

国王说：“那你们都说说看吧。”

摸到大象腿的盲人说：“大象就像一根大柱子！”摸到大象鼻子的盲人说：“不对，不对，大象又粗又长，就像一条巨大的蟒蛇。”摸到大象耳朵的盲人说：“你们说的都不对，大象又光又滑，就像一把扇子。”摸到大象牙齿的盲人说：“大象就像一个又大、又粗、又光滑的大萝卜。”摸到大象身体的盲人说：“大象明明又厚又大，就像一堵墙嘛。”最后，抓到象尾巴的盲人慢条斯理地说：“你们都错了！依我看，大象又细又长，活像一根绳子。”盲人们谁也不服谁，都认为自己一定没错，吵得不可开交。

于是，国王笑着对大家说：“盲人呀盲人，你们又何必争论是非呢？你们没有看见过象的全身，自以为得到了全貌，就好比没有听见过佛法的人自以为获得了真理一样。”接着国王又对臣民们说：“你们相信那些浅薄的邪论，而不去研究切实的、整体的佛法真理，和盲人摸象有什么两样呢？”

在我国宋代释道原所著的《景德传灯录》卷二十四中也有记载：“有僧问：‘众盲摸象，各说异端，忽遇明眼人，又作么生？’”

我最佩服的就是妈妈这样的探究精神，她一定要找到故事的出处或渊源，这样就不会以讹传讹、曲解本意了。这就是做研究应有的样子。

妈妈又继续说：“其实，我们可以把任何事、任何人都看作是大象，我们就像看不见的盲人一样，凭借自己的所触所感表达所思所想。其实每个人都是有限的，都只接触到了事物的某一部分。所以，不要跟别人争论对错。爱争对错的人就是个盲人，真正有大智慧大光明的人能看清全貌。有人说大象是鞭子，他会说：‘嗯，你是对的。’因为他看到那个人摸到了大象的尾巴。另一个人说是扇子，他会说：‘嗯，你是对的。’因为他看到这个人摸到了耳朵。能看清全貌真相的人他总是接纳、肯定别人，不会跟别人争论。你看高僧大德自称‘老衲’，老衲老衲，老是接纳！能接纳别人的人不仅是有智慧的人，更是能给人带来光明的人。”

我听了有醍醐灌顶之感，能接纳别人的人是多么厉害，而跟别人争论的人是多么愚蠢。怪不得林青贤院长有本书叫《幸福，从接纳开始》。

妈妈又给我讲了三季人的故事。

早晨，子贡在大院门口打扫院子。有人问子贡：“您是孔子吗？”

子贡答道：“有什么事需要向我们老师请教？”

“我想请教关于时间的问题。”

“这个问题我知道，可以回答你。”

“那你说说一年有几季？”

“四季。”子贡笑答。

“不对，一年只有三季！”

“四季！”

“三季！”

“四季！”子贡理直气壮。

“三季！”来人毫不示弱。

然后他们争论到中午也没消停。

孔子听到声音，从院内出来，子贡上前讲明原委，让孔子评定。

孔子先是不答，观察一阵后说：“一年的确只有三季。”

来人听此，大笑而去。

待来人走后，子贡忙问老师：“这与您教的不一样，而且一年的确有四季啊！”

子贡问：“一年到底应是几季？”孔子答：“四季。”

子贡不解。孔子继而说道：“这时和刚才不同，方才那人一身绿衣、面容苍老，它分明是田间的蚱蜢。蚱蜢者，春天生，秋天亡，一生只经历过春、夏、秋三季，哪里见过冬天？所以在他的思维里，根本就没有‘冬季’这个概念。你跟这样的人争上三天三夜也不会有结果。你若不顺着他说，他能这么爽快就走吗？”

说完，子贡立刻明白了。

庄子说：“夏虫不可语于冰，井蛙不可语于海。”我们所学的知识，只有把它们融会贯通，才能变成智慧，才能对我们的人生更有价值。

妈妈又给我讲了一个故事。

有一个叫颜回的人，爱学习，德行又好，是孔子的得意门生。一天，颜回去街上办事，见一家布店前围满了人。他上前一问，才知道是买布的跟卖布的发生了纠纷。

只听买布的大嚷大叫："三八就是二十三，你为什么要收我二十四钱？"颜回走到买布的跟前，施一礼说："这位大哥，三八是二十四，怎么会是二十三呢？是你算错了，不要吵啦。"

买布的仍不服气，指着颜回的鼻子说："谁请你出来评理的？你算老几？要评理只有找孔夫子，错与不错只有他说了算！走，咱找他评理去！"

颜回说："好。若孔夫子评你错了，怎么办？"买布的说："我赔上我的头。你错了呢？"

颜回说："我赔上我的冠。"二人打着赌，找到了孔子。

孔子问明了情况，对颜回笑笑说："三八就是二十三哪！颜回，你输啦，把冠取下来给人家吧！"

颜回从来不跟老师斗嘴。听孔子评他错了，老老实实摘下帽子，交给了买布的。那人接过帽子，得意地走了。

对孔子的评判，颜回表面上服从，心里却想不通，他认为孔子已老糊涂，便不想再跟孔子学习了。他向孔子告假回家，临走前，孔子交代了他两句话，颜回说了声“记住了”，就动身往家走。回家路上，突然间风起云涌，雷鸣电闪，眼看要下大雨。颜回钻进路边一棵大树的空树干里想避避雨。

他猛然记起孔子“千年古树莫存身”的话，心想，师徒一场，再听他一次话吧，从空树干离开。他刚离开不远，一个炸雷，把那棵古树劈个粉碎。

颜回大吃一惊：老师的第一句话应验啦！难道我还会杀人吗？颜回赶到家，已是深夜。

他不想惊动家人，就用随身佩带的宝剑，拨开了妻子住室的门闩。颜回到床前一摸，啊呀呀，南头睡个人，北头睡个人！

他怒从心头起，举剑正要砍，又想起孔子的第二句话“杀人不明勿动手”。他点灯一看，床上一头睡的是妻子，一头睡的是妹妹。

天明，颜回又返了回去，见了孔子便跪下说：“老师，您那两句话，救了我、我妻子和我妹妹三个人哪！

您事前怎么会知道要发生的事呢？”

孔子把颜回扶起来说：“昨天天气燥热，估计会有雷雨，因而就提醒你‘千年古树莫存身’。你又是带着气走的，身上还佩带着宝剑，因而我告诫你‘杀人不明勿动手’。”

颜回躬身说：“老师料事如神，学生十分敬佩！”

孔子又开导颜回说：“我知道你请假回家是假的，实则以为我老糊涂了，不愿再跟我学习。你想想：我说三八二十三是对的，你输了，不过输个冠；我若说三八二十四是对的，他输了，那可是一条人命啊！你说冠重要还是人命重要？”

颜回恍然大悟，扑通一声跪在孔子面前，说：“老师重大义而轻小是小非，学生还以为老师因年高而欠清醒呢，学生惭愧万分！”

从这以后，孔子无论去到哪里，颜回再没离开过他。

妈妈通过这一个个故事让我懂得了什么是真正的接纳，也践行着接纳。从小学二年级起，我已经不跟别人争论对错了。所以在小学的时候，我就有很多的朋友，与朋友相处时创办“阳光书苑”“创作小组”等组织的经历，真的对我的成长很有帮助，让我受益终生。

你准备给你的孩子创造什么样的世界？

没有命运，只有选择

我们看似活在同一个世界，其实活在各自不同的世界。

说到这个话题，曾经有个保安大哥给了我很多的触动和启发。

那是 2015 年，我儿子因为预科被西安交大委派到南开中学培养一年，这是他第一次离开家独自生活，又因期中考试成绩不太理想而情绪不佳，我到南开中学去看望他时，在那里住了 9 天，我去学校时，到门卫室登记，其中一个保安大哥热情地说："家长你们放心吧，孩子在这里我们一定会照顾好的，因为我们照顾的都是未来的国家领导人！"

看到他说这些话时自豪的表情，我能感受到他幸福的心情。

如果一个保安能有这样的想法，他每天就是生活在天堂。

我见过更多的保安，他们可能文化水平不是太高，又觉得生活无聊，还有人自卑，认为干这个低人一等，那么他就是生活在地狱之中。我们看似生活在同一个世界，但又生活在各自不同的世界。

我还听过一个故事——

有人问在砌墙的三个泥瓦工：“你们在干什么？”三个人做出了不同的回答。

第一位回答：“没看见我在砌墙吗？”

第二位回答：“我在造一座大厦。”

第三位回答：“我在建造一座美丽的城市。”

5年后，第一个人还在做泥瓦匠，第二个人已是建筑师，第三个人成了一家建筑公司的董事长。

所以，没有命运，只有选择。选择我们的想法、念头、思维和行为，这些就决定着我们的人生。

你想生活在什么样的世界？你又生活在什么样的世界？

日本的禅学著作中有这样的一个故事——

一个老妇人有两个女儿，大女儿嫁的是卖鞋的，小女儿嫁的是卖伞的，每当下雨的时候，她就担心大女儿家的鞋卖不出去，到晴天的时候，她又担心小女儿家的伞卖不出去，所以不管是晴天还是雨天，她都愁眉不展。后来，禅师告诉她，下雨的时候，你想你小女儿的伞生意该多么好，晴天的时候，你就想大女儿家的布鞋该多么好卖。老妇人一听，确实是这样。从此不管阴天还是晴天，她都非常开心。

外在世界的阴天或者晴天不会以人的意志为转移，我们能做的就是创造属于自己的内心世界。

2003年的“非典”带给我很多冲击和思考。

当时为了工作，我把孩子放到农村他爷爷奶奶家，可是由于发生了“非典”，我儿子3岁生日时，我和他爸爸都无法陪伴在他身边。我想，我们这么辛苦挣钱到底是为了什么？不是为了给我儿子更好的生活吗？既然这样，我不能因为挣钱让我儿子现在就过不好的生活。

当时有一部盖丽丽演的电视剧正在上映，她在剧里说的话让我哭了好久：“我这么辛苦，却不得已把我的孩子留在农村，他只能跟猪狗为伴……”这一句话直击我的内心，我忍不住泪流满面。我下定决心我要把我的儿子接回来，让他在我的身边生活。

所以，当5月“非典”一过去，我立刻把儿子接回来送进了小区新开的幼儿园。我几乎在他最开始上幼儿园的时候就陪伴在他身边，所以他上幼儿园就没有像有的孩子那样有分离焦虑的表现，他从来没有哭过，也没有说过“不去幼儿园”，因为我的陪伴，他在那里积累了足够的熟悉感和好感。

等到 9 月份大批的新生入园的时候，我儿子俨然已经是幼儿园老校友了。因为我儿子早上了几个月，被认定为老生，所以学费比 9 月份入学的孩子每个月少了 100 元，整个幼儿园阶段，可以省 3000 元。看吧，我儿子就是幸运之星！

儿子幸运的事太多了。再举一个他考少年班的例子。他考少年班那年，少年班选拔开始改革：第一个改革是考试项目由原来的语文和数学改为文综和理综。我儿子的副科好得不得了，给他加了分。第二个改革是改成了现学现考，而这正是我儿子的长处，我之前还担心儿子因为没有上过补习班、课外班，从刷题的角度来说不占优势，现在放心了。果不其然，我儿子如愿考入少年班。

儿子幸运的事情简直是太多了，每走一步，他都会遇见幸运的人、幸运的事，最终收获幸运的一切。我确信我儿子就是幸运之星，所以，我儿子到哪里上学，我就到那里买房，我的房产也在不断地增值，因此我更加确认我的儿子就是幸运之星。

我们心里是什么样的世界，我们就生活在什么样的世界；家长给孩子什么样的世界，他就生活在什么样的世界。你准备给你的孩子创造什么样的世界呢？

第二章

远大志向

……

孩子的定位最初是谁给的呢？

父母是孩子人生的总设计师

一个穷人家里来了客人，当他做好饭准备盛出来的时候，发现竟然没有一个能拿得出来的好碗来盛汤，突然他想起昨天刚好买回来的一个新痰盂还没有用，于是他就用这个痰盂把汤盛上来，还特别跟客人说："这个痰盂可是新的，我还没有用过。"

这时，他看到桌子上很脏，想用抹布擦一擦，可是旧抹布更脏，黑乎乎的，他又想到昨天从集市上刚买回来的一条棉内裤，还没有穿过，刚好可以用来擦桌子，他还特地说："这个内裤我还没有穿过哟！"如果你是去做客的客人，这个时候，你还吃得下饭吗？

从事实上看，没有用过的痰盂和内裤的卫生状况是没有问题的，可为什么我们就是会觉得很别扭呢？

定位！定位定终生！

人生最重要的是定位。定位成什么样，人生就会活成什么样，那最早给孩子定位的一定是父母。父母是孩子人生的总设计师。

我始终认为我的孩子就是天才，即使他只考40分的时候，仍然确信这一点。

有人说："老师，孩子的资质各不相同，你的孩子是聪明，我的孩子就是笨，我可不敢说他是天才。"

即使是黄金，你把它打造成夜壶，它也难登大雅之堂；即便只是一把泥土，你把他打造成一尊佛像，也会得到万人敬仰！

你准备把你的孩子打造成什么？

很多人给孩子定位就是长大有饭吃，饿不死，那你对孩子的定位就很低端，孩子的人生自然就很低端。有个家长伤心地跟我说："我儿子问我，爸爸你什么时候死，你死了所有的遗产都是我的，我就不愁没饭吃。"

父母要学会给孩子打造高级人生，不要说"你要好好读书，考上好大学，未来有个好工作，我就不操心了"，这不就是把孩子定位成痰盂了吗？

孩子是一张白纸，别人在上面设计宏伟蓝图，我们自己却在胡乱涂鸦，到最后还要指责这张纸：“怎么这么不争气？怎么会成这个样子？”我们又能怪谁呢？

设计出宏伟蓝图的人一定是一开始就有规划，而不是什么都不想，随心所欲地胡乱画。

我曾让家长们写出自家孩子的缺点和优点，很多的家长写了长长的一大堆缺点，优点却只写了三两个，有的甚至写不出来，跟我说：“老师，我觉得我的孩子好像都是问题，没有优点。”

我问：“你的孩子刚刚出生的时候有这些缺点吗？”

“没有！”家长斩钉截铁地说。

“既然他出生的时候没有，可见这些缺点不是他天生的。那为什么你养了他几年，他反而出现了这些缺点呢？你是故意培养他这些缺点的吗？”

家长急着反驳：“老师，我怎么会故意培养他的缺点呢？”

“你可能刻意培养了他的缺点都不知道。”

人，没有缺点，只有特点。每一物种都有它特有的生存技能是其他的物种所不具备的，那是它的特点。缺点到底是什么？特点没有用到地方，就变成了缺点。特点用对了地方就变成了优点。

人类不像动植物能从外在的不同看出各自的特点。所以，很多家长会胡乱地指出孩子的缺点，就像抱怨鱼不会飞一样。

人才的培育和成长，不仅仅在于方法，更在于观念，不完全靠勤奋，更在于思想。

当我们给孩子重新绘制蓝图，重新给他定位的时候，我对家长的要求是："不抛弃不放弃，全力以赴！"

如何成为一个有魅力的人？

让认识我的人三生有幸

我妈妈有句名言：“认识我你三生有幸！”说得很有底气。据说，当年就是她的这份魅力吸引了我的校草爸爸。

我妈妈经常对我说这句话：“儿子，要让认识你的人都感觉三生有幸！”

我问妈妈：“怎么样能让认识我的人感觉三生有幸呢？”

妈妈告诉我：“每见到一个人，你就问自己一个问题，我能帮他做些什么？”

我第一个想到的是：“我能给我的亲人做些什么？”我妈妈说，我很小的时候就是她的得力助手。从超市买的东西我从来不让妈妈提。这个要归功于我的爸爸，他从来不让妈妈拿东西，因此当爸爸不在身边的时候，都是我来提东西。

妈妈做饭，我就摆盘子；妈妈切水果，我就把水果摆出不同造型；妈妈包饺子，我就擀面皮……不管她做什么，我都能找到帮忙的地方，乐在其中，乐此不疲。

后来我又思考：“我能为姥姥姥爷做什么呢？”

我的姥姥是个特别善良、活泼、好学的人，她最爱向我问问题：“宝贝，这个是什么？那个什么？姥姥都不懂，你给我讲讲。”

她还让我帮忙：“宝贝，快来给姥姥算算账，我买的东西加起来是不是这些钱？”

她这两个行为带给我很多价值感，让我感受到帮助他人的快乐和幸福。

后来，我收了姥姥做我的第一个学生，我挂起小黑板，拿起书本，像模像样地开讲，从此一发而不可收，从小学讲到中学，讲到大学……现在我在台上讲课能如此淡定从容，得益于我在为别人创造价值时收获的 20 年授课经验。

怎么样能让认识我的人三生有幸呢?

把“我能为你做些什么?”作为座右铭

“我能为你做些什么?”成为我们家的座右铭，时刻在我们脑海中盘旋。

有一年我们到海南三亚过春节，儿子问我:“妈妈，我们第一次来这个地方，想想我们能为这里做些什么呢?”

之后，每次大伙集体吃完饭，别人一推碗筷就走了，只有儿子自己把碗收拾了，还蹲在那里帮刷碗的工人一起刷碗，嘴里还念念有词:“洗碗洗心地……”

到了海滩，他又找到了能为这个美丽的城市做的事，整整一下午，我们在海滩享受别样风光的同时，他就在岸边捡垃圾，他说要为这个地方的环境保护出一份力……

走之前我们提前到了火车站，其他人在门前广场处，吃了点水果，因为没有找到垃圾桶，就顺手把垃圾放在了大树旁，我儿子本来已经走到火车站的入站口了，突然放下大包小包的东西，说：“妈妈，你等我，我去把垃圾拿过来扔掉。”等他从火车站室内扔完垃圾回来，跟我说：“不拿走这些垃圾，我心不安，要不这两天捡垃圾的功德又变成造孽了！”

要了解一个人，不只要看他说什么话，更要深入了解他，看他有什么样的行为，看做什么事能使他安心。

自信如何帮你创造奇迹？

“我说行，我就行，不行也行！”

2016 年，我妈妈到印度世界心灵大学学习提升，她激动地跟我分享她的感受，说好像感受到了无穷的神奇力量。

其实，我早就感受到了人有无限可能，想都不敢想的事，去做了就有可能创造奇迹。

我初中第一次参加物理竞赛，竟然得了郑州市第一名。

我陪我的同学去参加“汉字英雄”比赛，没想到我同学突然身体不舒服，我硬着头皮代替他上场，竟然得了亚军。

再比如，谁能想到当年 40 分的学渣，能成为学校当年唯一一个考上西安交大少年班的人？

人生中没有不可能，只要你想，只要你相信，一切皆有可能。

福特集团的创始人福特先生说过一句名言："你相信你行或者不行你都是对的！"我们中国也有句对联："说你行，你就行，不行也行；说你不行，你就不行，行也不行！"我把它改成了："我说行，我就行，不行也行！"

我曾学过一首卢纶的诗：林暗草惊风，将军夜引弓。平明寻白羽，没在石棱中。

这首诗说的是"飞将军"李广夜里看不清，把草丛里的石头错当成老虎，竟然用箭射穿了石头。大家都很惊奇，觉得"飞将军"臂力惊人，想再目睹将军的风采。李广对着石头又射了很多次，结果一次也没有射进去。我认为，这就是他内心的信念系统变化了。头一天晚上，他把石头错认为老虎，内在很有信心，把老虎射穿是我能做到的；后面他再射石头的时候，内心有个声音——石头怎么能射穿呢？他的自信心已经崩塌了，所以射不进是很正常的事。

我把这份信念用在我的学习生活中，所以才创造了那么多奇迹。比如，到美国麻省理工参赛，我们代表国家、代表西安交通大学获得了世界金奖；我在美国加州大学伯克利分校交流学习的时候，所修成绩全校第一；我是华为"天才少年"计划的培养人；我是少年班里唯一的"优秀学生标兵"……只要我想，一切皆有可能。我相信我的诺奖梦也一定会实现的。

奇迹是如何一个个创造的？

父母好好说话会点亮孩子

我儿子他们获得世界金奖的过程令我深感神奇。

那一次，负责项目的八个孩子在我家，几乎三天三夜不眠不休，终于在大赛截止时间还有十分钟的情况下提交了所有资料。正当大家松了一口气准备欢呼庆祝时，突然，我儿子发现他们好像犯了一个低级错误：没有把引用的依据标准写上去。作为总负责的他有点泄气，说："完了，这次我们去美国就当是游玩了。"我也为孩子们感觉惋惜，安慰他们说："我们只管耕耘，其他的交给老天，别太在意。"

比赛出结果那天，我在广州学习。凌晨四点，我的手机"滴滴滴"地响个不停，我被惊醒了，原来是他们获得世界金奖啦！

我向他们表达了热烈祝贺的同时，问道："不是说不符合要求，得奖无望了吗？你是如何创造奇迹的？"

我儿子说："就是因为这个小瑕疵，我们团队做了更好的准备，我作为队长上台现场演讲，把每一步的研究实验以及引用的著作标准书籍等说得清清楚楚、明明白白，惊艳四座，哈佛、耶鲁等高校的科学家们对我们报以热烈的掌声，不断地说'中国青年，真棒！'破格给我们颁发了金奖。我们专门 3D 打印了一个实物模型，让他们看得见摸得着，成了亮点之一！妈妈，谢谢你的那句话'我们只管努力，结果交给上天'，我当时就在想，我们还能努力改善哪些地方呢？终于，我们创造了奇迹！"

自信的孩子会创造奇迹。比如，我儿子考少年班参加复试的时候，有心理测试，这是一项否决题，也就是说如果心理不过关，考试成绩再好也不能被录取。结果我儿子老早就交了试卷出来了，满脸的轻松和自信，跟我说："妈妈，这对我就很小儿科了，一是我经常玩电脑，适应上机考这种形式，二是这些题我原来都经常在电脑上测试，对我来说很简单！"

当天晚上准备睡觉的时候，我儿子突然大惊失色地从他的房间里跑出来对我说："妈妈，我答题的时候好像少了一个步骤——写完自己的名字没有点确认！会不会我这次考试就没有分数？这可是一项否决的呀！"他几乎要哭出来了，我也吓了一大跳，因为我也不太确定这是否会影响考试结果，但看着儿子全身都在发抖，我稳了稳神，抱住他说："儿子，妈妈不是说过'不要为打翻的牛奶而哭泣'吗？况且，你的牛奶不一定翻了，不值得你劳心伤神，耗费精力！"

第二天有重要的文化课考试，上午考的是数学，我还担心昨天的事会影响孩子的考试，没想到马文禾的数学成绩竟然是郑州市的第二名，仅仅比第一名少一分！看来这小子心理素质还是很棒的。等见到他，我问他："头一晚上我看你发抖成那个样子，第二天是如何考出那么好的成绩的？"我儿子说："我当时心里想，老子考到第一，如果你不录取我，就是你的损失！所以我就很平静了！"

儿子用自己很多的实际经历验证了没有什么不可能，这种自信是一个人创造力的源泉。

第三章

广阔格局和前沿眼光

……

如何看待别人给孩子取外号？

我是谁，不是别人说的，而是自己做的

2021 年 6 月 27 日，西安交通大学钱学森学院举行毕业典礼。我很荣幸，作为家长代表上台分享。刚一上台，底下一片口哨声，不知谁喊了一声：“诺奖哥的妈妈！”现场一片沸腾，我儿子在台上，作为主持人，笑得合不拢嘴，看来“诺奖哥”的称号已深入人心。在现场，马文禾收到很多同学的祝福卡片，上写“祝福马诺奖早日梦想成真”。

2018 年 5 月 4 日，西安交通大学为 2015 届的少年班的孩子们举办成人礼，我作为家长的代表发言，其间讲到我儿子的成长历程，我儿子大概 12 岁的时候就给我说过这样的话：

“妈妈，你可要好好学习呀，等到有一天我得了诺奖，你可要准备好发言稿！”

从此，“诺奖哥”的称谓不胫而走，响彻少年班！响彻西安交大！

2020年的7月27日，我儿子向诺奖迈出了第一步，他有幸被选上参加2019年《亚洲科学夏令营》，来自亚洲30多个国家的300名优秀学子齐聚一堂，更重要的是，跟世界上获得诺奖的科学家一起共同交流和学习了一周的时间。中国只有35个名额，西安交大只有2个名额！更值得庆贺的是短短一周的时间，来自7个国家的孩子临时组成的团队所设计的海报，取得了铜奖，祝贺这些有知识、有智慧、有合作精神、有表达能力的优秀学子们！

再往前，在南开中学的那一年，马文禾的外号是“问题终结者”！

那一次，我到学校，见到儿子的班主任老师，她把我叫到了办公室，说：“我发现你的孩子跟别的孩子有点不一样！我想找您聊一会儿。”

我吓了一跳，心想：“难道我又被叫家长？”

老师说：“我发现这个孩子上课从不积极举手，但当所有人都不举手时，他却举起手站起来把问题解决掉，所以同学们送他外号‘问题终结者’！”

我心里松了一口气，我听出来了，老师这次叫家长，说我的孩子跟别的孩子不一样具有褒奖的意思。

“后来我专门找马文禾聊了聊，他告诉我说他要把平时发言的机会让给其他同学，让大家得到更多锻炼胆量的机会或者成就感，如果大家都不会，他再来举手也不迟！还有一件事，不知您知道不，这次全国生物联赛，马文禾获得了一等奖，本来有资格代表中国到国际上参赛，没想到，他主动放弃了这个资格，我问他为什么放弃呢，这是多么难得的机会来展示自己，他说他已经有大学上了，他去参赛，无非是多一些荣誉，而这个机会让给那些还在上高中的学生，如果他们能在国际赛事中获奖，就会有大学向他们伸出橄榄枝，这是更有价值的事情。我发现这是一个心里特别有爱、特别有别人、特别有格局的孩子。确实跟一般的孩子不一样！您是怎么培养出这样优秀的孩子的？”

看到老师如此欣赏孩子，我内心也松了一口气，对老师和孩子都充满了感恩。

“老师，上课举手的事我不太知道，不过，让出参赛资格的事我是知道的，我今年过生日的时候，我儿子告诉我要送我一份大礼，就是这个！”我忍不住分享我的教子思维：“我给孩子注入的理念是‘我能为别人做些什么，让认识我的人三生有幸’。我确实不是一般的妈，比如，一般的妈妈会喜欢跟孩子说，孩子你上课要高高举手，争取发言的机会，我不这么跟孩子说，我会说：孩子，你教会了几个同学敢上课举手发言呢？孩子考了第一名，一般的家长会说：孩子，继续努力，下次争取还考第一。我不这么说，我会说：孩子，你已经尝过第一名的滋味了，下次把第一名让出去，让别的同学也品尝一下第一名的滋味……”“果真不是一般的妈妈！”

本来只想聊一会儿，没想到我们不知不觉从早上一直聊到中午将近一点。

也正因为我用这样的思维和模式培养孩子，我的儿子很少计较个人得失，不计较个人得失的人就很淡定，很平和，很幸福，因为患得患失的人会生活得很痛苦，心里有别人的人机会就多。

2018 年，已经 20 年没有见过的、儿子曾经的胎教老师慕名而来，亲自开车从郑州来到了西安交大，就是来找马文禾合作的，他们共同创办了“2049 英才培养计划”，成立了“少大科学会”，定期、不定期地给小孩子们上科学课和哲学课，旨在帮助和引领更多的孩子从小爱上科学，爱上科研，爱上学习，帮助他们找到自己的人生梦想和人生使命，培养更多的世界级人才，为国家、为世界、为人类造福！夏令营结束，儿子又带领团队到美国加州大学伯克利分校进行了三周的学习交流和调研，继续朝着诺奖的方向努力，他们IGEM团队研发的是一款治疗失眠的产品，在美国麻省理工学院跟全世界的顶尖团队对垒，他们代表中国获得了国际金奖。期待这款药能早点上市，造福人民！

我很为我的儿子骄傲！回想起儿子的成长历程，不禁感慨万千。我的儿子被叫过的外号从曾经的“文胸”“胸罩”变成了后来的“生物大神”“问题终结者”“马院士”“马诺奖”，他一步步的成长给您什么样的启发呢？如果你是家长，请多反思自己要培养什么样的孩子；如果你是孩子，可能也有被人起外号的经历，我想说，别人叫你什么外号不重要，重要的是你内在有什么。让我们清晰地知道：我是谁，不是别人说的，而是自己做的！

如何化“外号”为动力?

父母只需要种种子，孩子会生发很多的果实

我也辅导过几个这样的同学，他们特别在意别人对自己的看法、说法，我跟他们说过：“如果你活在别人的眼里，你将死在别人的嘴里！”

有些人之所以在乎，可能还是内在自我建构的不太稳固！我听过我妈妈给我讲苏轼的故事——

> 有一次，苏东坡参禅悟道，很有心得，马上赋诗一首：稽首天中天，毫光照大千，八风吹不动，端坐紫金莲！自认开悟了，马上派书童送于禅师佛印处印证，让他评评自己的禅定功夫如何。佛印禅师看后，莞尔一笑，不发一语，拿起红笔在上面写下“放屁”

二字，交于书童带回，苏东坡本来以为会得到禅师的一番赞誉，怎料回信中竟是斗大的“放屁”二字，不由得火冒三丈：你不赞美咱也就罢了，这不是骂人吗？立刻开船到河对岸的金山寺去找佛印理论。谁知船还没有到江边，佛印早就等在岸边了，苏东坡一见禅师就气呼呼地说：“禅师，我们是至交道友，我的诗，我的修行，你不赞美也就罢了，怎么还能骂人呢？”

禅师若无其事地说：“骂你什么了？”苏东坡把诗上的两个字“放屁”指给禅师看。

禅师哈哈大笑，回道：“你不是说八风都吹不动吗？怎么一屁就过江来了呢？”苏东坡听后深觉惭愧不已，自叹修行不够，与佛印差得远呢！

我小时候听我妈妈讲这个故事的时候，也听不出什么深意，但印象很深刻，后来越来越大，才知道我们每个人都要不断修习我们那颗稳定的内心，才能有平和幸福的人生，才能不惧人言，做自己该做的事。

还是妈妈的那个教育理念，对我影响深远：父母的格局决定孩子的结局，父母的境界决定孩子的世界！愿更多的父母好好学习，孩子的人生才能变得更不一样。因为父母只需要种种子，孩子会生发很多的果实。

有一次，妈妈出差好几天才回家，我就住在姥姥家，等三天后她出差回来我们一同到家的时候，才发现原来我们的净水机忘记关了，一直在放水状态，并且水已经满出来，整个厨房简直水漫金山的感觉。妈妈忍不住嘟囔："哎呀，这得浪费我多少水费？""而我考虑的是浪费了多少水资源！"我脱口而出，内心就是这么想。

人的格局被拉大，就再也回不到小地方，那个时候，我每天放学都是要捡废旧电池的，因为我知道这对大地、水源都有污染，我要捡起来交给专门的处理机构，以保护我们赖以生存的地球。

亲爱的爸爸妈妈们，把一颗颗崇高、伟大、无私的种子种在孩子的心田吧，它会生发出无限的美好！因为心就是一块田地，所以我们才叫心田、心地。你不种上好庄稼，就会长野草！它不会闲着的，您说是吗？

孩子考第一名父母如何说？

“下一次，把第一让出去！”

我妈妈确实不是一般的妈妈，她是“二班”的。比如，我考试考了第一名，她竟然让我下一次把第一让出去。

大家都知道，我是从 40 分考上来的。当我通过一次次努力，从第三十二名到第十六名再到第八名，好不容易终于考到第一名的时候，我兴奋地对妈妈说：“妈妈，我这次终于考到了第一名！”

我的好几个同学曾经都考过第一名。当他们告诉家长的时候，很多家长会说：“孩子，不要骄傲，下次不一定是你第一，继续努力！争取保持第一！”

可是我的妈妈竟然对我说：“儿子，我知道你本来就是第一的料，下一次，把第一让出去！”

“妈妈，把第一让出去？为什么呀？”我有点惊讶地问道。

“儿子，你已经体会到第一的滋味了，下一次把它让出去，让其他同学也感受一下！”妈妈平静地说。

大家知道吗？我听到妈妈这样说之后，有两个收获：第一，感觉轻松了，没有下一次必须得第一的压力；第二，拉升了我的格局，我不要只考虑我自己，心里能装下更多的人。

最奇怪的是，我竟然得第一的时候越来越多，真的很难把第一让出去！而我那些同学中被父母盯着要继续得第一的人，反而越来越差了。

如何正确对待孩子的好成绩？

成绩只是个副产品

虽然我是学习力导师，但我从不看重成绩，因为我知道有比成绩更重要的东西。我经常说："成绩只是个副产品，家长要用正确的方法对待成绩，孩子才有未来。"

有的人说，我最焦虑和担忧的是孩子的成绩差，成绩好的时候自然是没有问题的。真的是这样吗？

当孩子成绩好时，家长错误的做法通常有三种：

第一个误区是：给予外在的物质奖励。

有一次我在河北讲课，课堂上有个家长问我："李老师，我的孩子现在 12 岁，我发现她对物质特别痴迷，怎么办？"

"发生了什么事？"我听到她给孩子下断语，感觉她说的应该不是事情的全部真相。

“她昨天考试又考了第一，非要我奖励她一个芭比娃娃！”

“看来你原来经常用考得好就奖励她的方式，那就给她买。”

“老师，关键是这个芭比娃娃太贵了，要2000多元，我辛辛苦苦1个月也才挣了3000元，这孩子才这么点大就对物质这么痴迷，长大可怎么办？”她满脸愁容，忧心忡忡地说。

“这是你培养的，不要怪孩子哟。”

“是的，老师，她小时候一直就学习很好，原来每次考100分，我就买个她喜欢的东西，最开始2元钱的东西就可以满足，后来要买10元的东西，再后来，要买100元的东西，没想到这次，一下超出了我的承受能力！照这样下去，那还得了？”她已经看到了孩子未来发展的趋势和可能遇到的恶劣后果。

我当场调查了现场家长，有一半以上的家长有过这种奖励行为，孩子考好了就给外在的奖励，只不过是奖励的东西有所不同而已：有的奖励钱，有的奖励东西，有的奖励玩游戏，有的奖励旅游。结果要么是孩子的胃口越来越贪、越来越大，要么是孩子的成绩起伏不定或者越来越差。这种错误的方式对孩子的影响巨大，很多人的贪欲就是这样一点一点被培养出来的，他的学习动力也是这样一点一点被磨灭的。

心理学家爱德华·德西曾进行过一次著名的实验，他随机抽调一些学生去单独解一些智力难题。

在实验的第一阶段，抽调的全部学生在解题时都没有奖励；进入第二阶段，所有实验组的学生每完成一个难题后，就得到1美元的奖励，而无奖励组的学生仍像原来那样解题；第三阶段，在每个学生想做什么就做什么的自由休息时间，研究人员观察学生是否仍在解题，以此作为判断学生对解题兴趣的指标。

结果发现，无奖励组的学生比奖励组的学生花更多的休息时间去解题。这说明：奖励组对解题的兴趣衰减得快，而无奖励组在进入第三阶段后，仍对解题保持了较大的兴趣。

这实验证明，当一个人进行一项愉快的活动时，给他提供奖励结果反而会减少这项活动对他内在的吸引力。这就是著名的“德西效应”。

高分本来就能给孩子很强的内部驱动力、成就感和荣誉感，如果家长给外在的物质奖励，就会把孩子的内在动力削弱，而增长了他的物质欲望，久而久之，外在欲望越来越强，内在动力越来越弱，自然会出问题。

千万不要把成绩跟外在的物质挂钩。如果要奖励，最好以精神奖励为主，给孩子肯定、欣赏、赞美、认同，增加孩子的价值感和快乐感，这样，孩子的内在动力会更足。

我儿子也经历过这样的考验。有一天，我12岁的儿子跟我说：“妈妈，你知道我同学的妈妈对他说，只要这次进步十名，他妈妈就给他买全身的耐克，包括耐克鞋！”

我儿子为什么对我说这样的话？他是不是借同学的妈妈在给我暗示？因为他上次考试就进步了16名。

“儿子你是不是也想要耐克？”我要把孩子的心里话说出来，这才不愧于是一个理解孩子的好妈妈。

我看着他的眼睛认真地问：“如果你也想要，妈妈也给你买，但和你考多少分、多少名没有关系，只跟两个原因有关：第一，妈妈买得起；第二，妈妈爱你！生活必需品妈妈应该提供给你，是没有附加条件的。”

听我这么说，我儿子内心的心理营养已经足够了，他摆摆手说：“我才不要呢，这些没什么了不起，有本事拼自己，咱们比学习！”

我马上双手给儿子点上大大的赞：“我儿子真了不起！认识得那么透彻精辟！牛！”我一边比划一边继续说道：“儿子，妈妈即使买名牌，也是冲着它的好品质买的，并不是冲着它的商标带来的外在的虚荣。”

这一次后，我儿子再也没有说过物质奖励的事。他也没出现过爱名牌、爱攀比的现象，甚至都有衣服穿到袖子烂掉的情况。

第二个误区：是当孩子考好了之后还想他能考得更好。

有的家长，如果孩子兴冲冲地说："妈妈，我考了 100 分！"

家长会脱口而出："那又有什么了不起？有本事门门都考 100 分，一直都考 100 分！"

还有的会说："你们班有几个 100 分的？有三个，那你就不是第一，是第三！"

孩子说："妈妈，我考了第一！"

家长说："只是班里第一，没什么了不起，下次考到全校第一。"

这样的家长会带给孩子很大的压力，他们的孩子只能负重前行，很难保持好成绩。孩子过于关注自己是否超过别人，会活得很累。

总是盯着孩子要考第一的家长，只关注事情的表面——分数，却忽视了孩子的心理压力，只关注短期的结果，却忽视了长期的后果。说到底，你可能只爱分数，并没有真正爱孩子，或者说，你可能只爱考高分的孩子，并不是爱你的孩子。

孩子得了第一，后面有那么多的人在追赶他，他的压力该有多大呀？带着这样的压力必然跑不快。孩子如果也只执着于分数，不但累，而且还会变得自私，唯恐别人超越他，这样的孩子该多孤独？

让我们的孩子轻装上阵，让我们的孩子拥有做人的大格局，这样他的胸怀就不一样，他的境界就不一样，他的人生就不一样。境界是真实存在的世界，活在什么样的境界，就是活在什么样的世界。

你的机遇从何而来？

时刻准备着

少年班对我们来说，是个意外的收获。

孩子的人生未来，掌握在父母手里。有远见的父母一定竭尽所能地用心为孩子设计未来。

在我原来的规划里，小学根本不必读那么久的，想当年我们才5年，现在竟然是6年。我小时候觉得小学那一点点内容实在太简单。我五年级升学考试时就是全乡第一名。所以，我认为我生的儿子肯定继承了我的优秀基因，小学三年我教他即可搞定。

计划没有变化快，还没等到儿子上小学，我离婚了，一下子打破了我所有的计划和设想。我要先解决我和孩子的生存问题，然后才是其他的。所以我更多的时间用于工作上，儿子的学习问题就无法顾上。感谢我的姨奶，当时她在小学里，所以她给到了我们很多的照顾。我还是认为，小学那一点点东西，随便学学就没问题，不用那么费力的。所以我儿子在小学那叫一个欢腾，搞了很多的事情，开第一个公司“阳光书苑”，公司“破产”后搞文学创作小组，等等，不亦乐乎。

既然读了常规的学校，我的规划方案就有两个：

第一个方案是去天津买房，因为可以带户口，可以让孩子更轻松地考大学。大家都知道河南娃的高考难度。

第二个方案是出国留学。当时我看到河南政府和新加坡政府有合作，是专门对河南娃的交换培养，我感觉整个项目不错，高中阶段就可以去新加坡，未来考取英联邦的高校也很容易。

正在我查询相关资料准备比较后再选择时，突然，在网上跳出一篇帖子——“陪女儿考西安交大少年班的全过程”，我才第一次知道，原来，还有这样一个途径，不用中考，不用高考，不用研究生考试，就可以直接上大学，本硕连读，而且，培养方式还是“因材施教，重点培养”！天哪天哪，我都激动得要飞啦！

儿子放学回来，我把这个好消息告诉他，他听完后默默地做了一件事，把西安交大少年班的要求打印了出来，贴在自己书桌旁一抬眼就能看到的地方，嘴里嘟噜了一句："西安交大少年班，我志在必得！"虽然声音不高，但表情严肃，口气坚定。我被儿子的这种气势震蒙了，我也收敛了一些激动的情绪，问儿子："好的，儿子，你需要妈妈做些什么？"

"你做好后勤即可！"

"收到，从今天开始，生活条件提升一个等级，全部有机高大上！"

"妈，你太皮了！"儿子终于从严肃的状态调整到平时活泼轻松的状态了。

从那一天开始，我的儿子制定了新的学习计划和时间作息表，我们母子开启了少年班旅程模式。

在这里，我要特别感谢一下那个从没见过面的博主，因为他写的一篇文章，改变了我们的人生轨迹，也改变我们的人生命运。是的，上天如此厚爱你，总给你神奇的机遇。

怎么样给孩子找到梦想？

好的回答会点亮一个生命

你的孩子有梦想吗？你希望你的孩子有梦想吗？你会无条件支持孩子的梦想吗？

1936年，一个6岁的美国小男孩在自家的地下室里找到了一个破头盔，他忍不住戴在头上，赶快跑上来叫妈妈看，他一边跑一边兴奋地喊："妈妈，我要跳到月亮上去！"

男孩的妈妈当时正在自家的厨房准备晚餐，她停下了手里的活，看了孩子一眼，开心地说："好啊，儿子，那你别忘了要回家吃饭啊！"

33年后，这个孩子长大了，成为登陆月球的第一人，他登月成功后除了说了一句天下闻名的“我迈出了一小步，但人类迈出了一大步”以外，他还说了一句：“妈妈，我要回家吃饭了！”他就是第一个登月成功的阿姆斯特朗。

好的回答会点亮一个生命，糟糕的回答会扼杀一个人的光明。

我记得有一次一个孩子说，他小时候也和妈妈说想到月球上去，他妈妈的回答是：“你咋这么能呢？地球上待不下你了吗？你还想上天呢？你作业做完了没有？”他感受到了这个梦想是不被允许的，所以他放弃了。后来他又喜欢画画，说长大了要当画家，他妈妈说当画家挣不到钱，会被饿死，他又放弃了。他后来说想当医生，他妈妈说当医生会被累死。他又想当老师，他妈妈说会被气死……这个孩子后来就成为一个厌学、厌世且有自残、自杀倾向的孩子了。

我在训练营中见过太多没有梦想、没有方向、感觉很迷茫的孩子。我知道，这些孩子小时候也都和小阿姆斯特朗一样，对这个世界充满了好奇，有过千奇百怪的梦想，可很多家长不懂，梦想其实是颗种子，如果不在春天种下种子，到秋天，何来果实？我们不但要种上种子，而且还要给它浇水施肥，给予它阳光雨露，呵护它成长，如此它才能生根发芽，开花结果。

怎么样给孩子找到梦想，并种植梦想、呵护梦想呢？

我记得我儿子小时候特别喜欢动植物，他说长大要当动物学家，后来又要当生物学家。不管他要当什么，我都是无条件地支持他，给他买了《动植物百科全书》，他简直爱不释手。

一个偶然的机会，我看到一篇文章，讲的是梦想的故事——

有个叫布罗迪的英国老师，在整理阁楼的旧物时，发现了皮特金幼儿园B（2）31位孩子的作文《未来我是……》。

布罗迪忍不住翻了起来，并被孩子们千奇百怪的未来梦想迷住了。他看到有个叫皮特的孩子写道，未来他会是海军大臣，因为有一次他在海里游泳，喝了3升海水都没有被淹死。

另一个孩子说自己未来一定是法国的总统，因为他能背出25个法国城市的名字，而其他同学最多只能背出7个。

最让人称奇的是一个叫戴维的小盲童，他说将来他必定成为英国的内阁大臣。哪怕当时英国还没有一个盲人进入内阁。

布罗迪读着这些作文，突然有一种冲动，何不把孩子这些本子重新发给他们，让他们看看现在的自己是否实现了50年前的梦想。当地一家报纸得知这一想法，为他发了一则启事，没几天，书信向布罗迪飞来，很多人都表示想知道儿时的梦想，并且很想得到那本作文本。布罗迪按地址一一给他们寄去。

一年后，身边仅剩下一个作文本没人索要，布罗迪想，这个叫戴维的人也许死了。就在布罗迪准备把这个本子送给一家私人收藏馆时，他收到内阁教育大臣布伦克特的一封信，他在信中说："那个叫戴维的是我，感谢你还为我们保存着儿时的梦想。不过我已经不需要那个本子了，因为从那时起我的梦想一直在我的脑子里。我没有一天放弃过，50年过去了，可以说我已经实现了那个梦想，今天我还想通过这封信告诉我其他的30位同学：只要不让年轻时的梦想随岁月飘逝，成功总有一天会出现在你的面前。"

布伦克特的这封信后来被发表在太阳报上，他作为英国第一位盲人内阁大臣，用自己的行动证明了一个真理：假如谁能把3岁时想当总统的愿望保持50年，那么他现在一定已经是总统了。

当我看完这篇文章后，问儿子："儿子，你的梦想是什么？"

"你知道的！"儿子说。

"我知道，你的梦想是科学家，像牛顿、爱因斯坦那样的科学家！”

“做科学家，我做我自己！”

“妈妈，你的梦想是什么？”儿子话锋一转，问我道。

“我……”我突然一愣，好像到了我这个年纪，我已经一无所想了。我想到了：“我的梦想是培养一个科学家！”

“妈妈，你的梦想只跟你自己有关，跟其他任何人都没有关系，哪怕这个人是你的儿子！”儿子问：“再好好想想，你的梦想是什么？”

我到这个年龄真的好像一无所想了。看到我有些迟疑，我儿子提示我说：“你好好想想，你小时候有什么梦想？”

这么一说还真有：“我像你这么大的时候，我的梦想也是科学家，我的偶像是居里夫人！”随即我又有一些难过：“我之所以没有实现当居里夫人的梦想，大概是因为没有遇见居里吧！”

我儿子看到我有点失落，对我说：“妈妈，你没能成为居里夫人，我让你成为居里妈妈！”

我忍不住笑出声来。

“妈妈，快好好想想，你的梦想是什么？”儿子紧追不舍。

“我……”

“我记得姥姥说过，有个算命先生说你会救济天下穷人！

可能你的使命就是这个吧！”

“是的，我还以为这预示着我是个亿万富翁，不，亿万富婆，可以到处撒钱做慈善呢，可惜到现在也还没有成功！”我调侃道。

“妈妈，我觉得你的人生使命就是成为一个导师，唤醒更多人的心灵。你知道吗？现在人的贫穷，不是因为没有物质，而是因为没有精神。”

儿子的话让我醍醐灌顶，我激动地说：“谢谢你儿子！帮我找到了人生梦想和使命。”

如何协助孩子确立和升华梦想？

好的梦想有如神助

什么是梦想？梦中怀想。汉代的司马相如在《长门赋》中说："忽寝寐而梦想兮，魄若君之在旁。"说得通俗点就是：做梦都想。

梦想，是灯塔，是方向。孩子没有梦想，他的人生就很迷茫，不知往何处去。

孩子没有梦想，他就没有力量，就很难点燃他的内动力，没有内动力的孩子，只靠外力，是很难走远的。

孩子没有梦想，他就没有未来，他的明天和今天好像一模一样，没有任何的期待和惊喜。

梦想给孩子建立起了一个美好的精神家园。好的梦想是伟大的，这有利于放大孩子的人生格局，好的梦想还是无私的，这会使我们的孩子得到外界的力量，得到宇宙的力量。

我儿子从小的梦想就是当一个科学家。我想很多人都有过这样的梦想，我小时候的梦想就是要当一个像居里夫人一样的科学家。这样一个梦想促使我不断地努力，不断地进步。可随着年纪增长，我逐渐迷失在生活中，慢慢丢失了我的梦想。

有一年，我儿子突然跟我说："妈妈，你知道你的梦想为什么没有实现吗？"

"为什么？"

"因为你只有梦想，只是你个人的梦想而已，而没有无私地为别人的大愿！"

我心里一惊，儿子悟得太透了！我原来的梦想真的是只想着自己。

我当即赋诗一首：三十四载转瞬消，遥想当年大梦骄。居里夫人常相伴，爱因斯坦试比高。因只小梦无大愿，终究流光把人抛。如今儿女已成长，誓发宏愿对今朝！

儿子郑重地说："我要当一个科学家，我要为全人类服务，为我们找到安全的第二生存家园！"

我和儿子的梦想同样是科学家，我想的是自己出人头地，格局是如此之小，而我的孩子，是为了全人类而努力。他的格局如此之大，我想宇宙的所有力量都会帮助他的！

家长要引导孩子，协助孩子确立梦想，并能把他的梦想升华到无私、美好、伟大的高度，随着他装入这样的梦想，他的格局就会不一样。

不学习，我怎么配得上这么卓越的孩子？

我的儿子竟然拒绝了清华

2020年国庆节前，我接到了来自清华大学招生办的电话:“请问您是马文禾的母亲吗？”

一听到对方提到我儿子的名字，我的注意力马上集中起来：“我是，请问您是哪一位？”

“我是清华大学！”

一听到清华大学，我兴奋起来，因为考入清华大学是我未曾实现的梦想，我提高了声音，有点激动地问：“哦，清华大学，请问您有什么事？”

“我就是想向您核实一下，您的儿子为什么拒绝了我们清华大学，您应该知道，有多少人想上清华。”

“什么？我的儿子竟然拒绝了清华？”我一下子震惊得几乎说不出话来！我突然有一点点失落，还有一点点疑惑，更有一点点遗憾，但紧接着我就升起一分得意，心想：谁让你30年前不录取我的！君子报仇，三十年不晚！我儿子就拒绝你！

我调整了一下情绪和状态，坚定地对着电话大声地说：“嗯，我支持我儿子所有的选择！”

那年国庆节，我儿子受他老师的邀请参加《少年中国说》节目，给学弟学妹分享他的故事，我在现场听到了我儿子关于为什么放弃了清华的分享。他说，感谢国家那么用心地培养他，他要用自己的所学为国家做些事情，所以他要跟着樊春海院士去解决那些困扰人类的事情，为国家、为人类做些事情。

我的儿子不考虑自己的名利，而从国家和人类的需要这种更高境界的角度出发，规划他的人生，作为家长，我深感欣慰和自豪。

我经常看到这样的情形：很多孩子的境界和格局比家长高。一些家长让孩子学习的目的更功利，而孩子的梦想则更高远，而且，孩子越小的时候，他们的梦想越大。

所以我经常说，最该学习的不是孩子，而是父母。就像我当初学习时，我的感受是如果我不学习，我怎么配得上我这么卓越的孩子呢？

有家长问过我："李老师，你儿子拒绝清华为什么没有跟你商量？"

我反问她："他为什么要跟我商量？"

"因为你是他妈妈，他怎么能私自做主呢？"

从她的发言和她与孩子相处的状况中，我发现这是个爱以家长的身份包办孩子一切事情的控制型家长，我跟她说："因为这是我儿子自己的事情，他有为自己的人生做主的权利和能力。"

看到她逐渐睁大的惊讶的眼睛，我知道这番言论可能超出她的认知范围，我又反问她一句："他跟我商量，结果无非两种：一种是我同意，那就是现在这样的结果；一种是我不同意，但我又不能为他的人生负责任，那我还是要尊重他自己的选择，最后还是这样的结果。"

她似乎没有听懂，我又跟她说："世界上所有的爱都以聚合为目的，唯有父母对子女的爱是以分离为目的。越早让孩子独立自主，孩子越会创造奇迹！我在我儿子很小的时候就训练他独自做主的能力了。你明白了吗？"

她若有所思地下了车，临走的时候对我说："李老师，您讲的这些对我来说太震撼了，我需要好好反思一下，您也看到了我的孩子现在的状况。谢谢您！"

“我相信你可以处理得很好的！”我知道可能她还有一些路要走，我祝福她，也祝福每一个看到这里的你。

附　录

西安交通大学钱学森学院毕业典礼家长代表发言稿

尊敬的老师们，可爱的同学们和亲爱的家长们，大家好！我是今年的毕业生马文禾的妈妈，非常荣幸能作为家长代表发言，在此，请允许我代表所有的家长们向今年毕业的各位孩子送上最热烈的祝贺和最诚挚的祝福！

时光荏苒，白驹过隙，一转眼我们的宝贝们长大啦！作为父母，孩子的每一步成长都是家长幸福的源泉。得益于学校的优质教学环境以及丰富的教学资源，我看到孩子们在大学文化氛围中升华精神，在精品课程中学习新知，在社团活动中锻炼能力，在与人交往中磨炼品质，在出国交流中开阔视野，成功时开怀，失败时失落，从一个懵懂无知的少年跌跌撞撞成长为现在的样子，成为一个德智体美劳全面发展，让国家、学校和家人都引以为傲的青年。

孩子们，你们大学四年在历练中愈发优秀和自信，我很开心今天能站在这里，看到你们眼里的万丈光芒。

借毕业的契机，我作为家长代表，对大家提出三点期望。

第一，我希望同学们感悟这四年来自己身上发生的点滴变化，学会反思，闪亮之处当珍惜，不足之处当改进，锤炼品质，锻造精神，从而展现出中国当代青年人的自尊心和自信心。

第二，我希望大家能展现出勤勉专业的责任心，作为西安交通大学钱学森学院的荣誉毕业生，你们是具有全球视野和科学家素养的行业领军人才，要在社会上展现出不可替代性，在新时代、新使命、新起点、新征程上奋力探索，创新创造，砥砺前行。

第三，我们作为社会主义接班人和西迁精神新传人，要有胸怀国家的使命感，要有家国情怀和民族志气，突破小我，成就大我，深入贯彻落实习近平新时代中国特色社会主义思想，立大志、明大德、成大才、担大任，努力成为堪当民族复兴重任的时代新人，让青春在为祖国、为民族、为人民、为人类的不懈奋斗中绽放绚丽之花。

同时，我也想借此机会表达我的感恩。孩子们的每一步成长都离不开国家的呵护关爱，离不开学校的悉心培养，离不开老师的谆谆教诲。特别是在去年疫情时，孩子们在美国买了好几次机票都被取消，无法回国，学校积极协调各方力量，老师对孩子关怀备至，国家包机将他们接回了祖国的怀抱。回国后，我儿子就一头扎进了实验室，说“祖国那么用心地培养我们，我们要为国家做出贡献！”相信在座的同学们都曾有过类似的经历。是学校和学校的老师们成就了大家的今天。借此机会，我也想代表所有的学生和家长们对学校和老师表示真挚的感谢！

孩子们，你们即将踏上新征程，无论是继续深造还是进入社会，都将成为国家最坚实的力量。习近平总书记说：“放眼世界，我们面对的是百年未有之大变局。”你们生活在一个最好的时代，一个黄金时代，你们可以酣畅淋漓地去实现去创造更加美好的未来！在此我作为父母的代表送出最殷切的期望：愿你们不仅能成为国家的栋梁，更能做国家的脊梁、世界的脊梁！从五湖四海来，到天南地北去！相信孩子们必将带着爱与感恩，不忘初心，牢记使命，传承交大的精神，在各个地方创造祖国更加美好的未来！谢谢！

李沛家

2021 年 6 月 27 日